Petits Espaces Grand Standing

gestalten

WHAT WE LOVE
ABOUT OUR HOME IS
→
THERE IS ONLY
SPACE
FOR WHAT'S
MOST IMPORTANT

Sommaire

Préface

Portraits

Solutions

Menno Aden : *Untitled (G.S. II)*,
série « Room Portraits », 2006

Habiter petit pour voir grand

Sur notre planète, l'espace est à la fois une ressource et un bien de consommation. Alors que plus de sept milliards d'individus vivent aujourd'hui sur Terre, dont un grand nombre dans d'immenses mégapoles, la moindre parcelle de terrain est précieuse.

L'habitation privative constitue un élément central de la vie moderne, que l'on y vive seul ou en famille. Elle accueille la plupart de nos occupations privées et influe considérablement sur la qualité de notre quotidien. Les réalisations présentées dans cet ouvrage, œuvres d'architectes et de décorateurs originaires d'Europe, d'Asie, des Amériques ou encore d'Australie, attestent qu'il est possible d'améliorer la qualité de vie au sein d'espaces d'habitation réduits.

Au lendemain de la Seconde Guerre mondiale, la construction de demeures de plus en plus vastes fut perçue comme le symbole d'une prospérité retrouvée. Soudain, le rêve d'un garage double et d'une chambre d'ami devint accessible au plus grand nombre dans les sociétés occidentales. Le premier choc pétrolier, au début des années 1970, sonna le retour à un habitat plus dense, et la hausse spectaculaire du prix du fioul, alors principal combustible de chauffage, imposa de réduire la superficie des logements construits.

Durant les années 1990, l'embourgeoisement de certains quartiers urbains confirma cette orientation minimaliste. Les réhabilitations de bâtiments anciens permirent d'améliorer le confort des habitations, mais provoquèrent également une forte hausse des prix de la pierre. Nombre d'îlots souvent vétustes de centre-ville furent remplacés par des édifices culturels ou des parcs publics traversés de pistes cyclables, avec

pour conséquence une diminution de l'offre immobilière. Plus récemment, l'augmentation continue des loyers au cœur des cités a conduit les habitants à s'intéresser de nouveau au concept d'habitat compact à travers un constat simple : un logement plus petit est aussi plus économique. De fait, en réduisant nos frais de logement, nous pouvons choisir de travailler moins et de consacrer plus de temps à nos loisirs. Il s'agit donc, ici, de remplacer le confort spatial par le confort du temps libre.

En matière de durabilité, ce mode d'habitat est de loin le plus efficace dans les zones urbaines : s'il est possible, pour tous, d'utiliser les équipements et les transports publics et de se rendre à bicyclette à son travail, alors l'empreinte énergétique globale se trouve réduite de façon significative. Mais peut-on vraiment bénéficier d'une qualité de vie optimale dans un espace réduit ?

Habitat compact et intimité

Les notions d'aménagement intérieur de l'espace et d'intimité varient selon les cultures et sont des facteurs déterminants dans la façon d'organiser l'habitation. Les trois exemples qui suivent ont été inspirés par le climat, les particularismes culturels ou les usages locaux, mais il est possible de s'en inspirer avec grand profit.

Apprendre du Japon: une pièce peut avoir plusieurs fonctions lorsque l'ameublement est limité au strict minimum.

Apprendre du Japon

Au Japon, le respect de l'intimité est le plus souvent assuré par une séparation visuelle. Il est courant, pour une famille, d'occuper un seul espace ouvert à condition que chacun ait la possibilité de se soustraire aux regards des autres. Ce trait culturel a donné naissance à des espaces de vie riches et complexes, disposés sur plusieurs niveaux et divisés au moyen de cloisons amovibles translucides. Ainsi, la perception de l'espace privatif passe presque toujours par une délimitation visuelle, ce qui induit une organisation du logement dans laquelle la porte, garante de l'intimité en Occident, joue un rôle secondaire. Une autre caractéristique notable du mode de vie japonais est la plurifonctionnalité des pièces de l'habitation, rendue possible par une absence quasi totale de meubles. Au prix d'une rapide réorganisation, une pièce seulement équipée de quelques tatamis peut assurer plusieurs fonctions successives dans le cours de la journée. Dans la culture occidentale, le salon, le plus souvent organisé autour de fauteuils et de canapés, et la salle à manger, où trônent la table et les chaises vouées au repas, forment deux espaces distincts. Dans la tradition nippone, ces deux lieux de vie occupent une seule pièce à l'ameublement réduit au minimum. Ici, l'absence de meubles permet une grande souplesse d'utilisation.

Apprendre de la Scandinavie

Pour les membres d'une famille scandinave, il serait inimaginable de partager un espace commun durant la nuit comme cela se pratique au Japon. La norme, dans cette partie de l'Europe, est au contraire de placer les parents et les enfants en deux points opposés de l'habitation, quelles que soient ses dimensions. Cette séparation, permise par la position centrale de la cuisine et du salon, a favorisé l'émergence de la *samtalekokken*, cuisine à îlot central tenant lieu de principal lieu de vie, dans laquelle tous peuvent se retrouver au moment de la préparation des repas. Le concept anachronique de la femme à la cuisine et de l'homme au salon a été remplacé par celui d'un noyau multifonctionnel capable d'accueillir membres de la famille et amis. Ainsi, dans un logement scandinave, la principale séparation intervient entre les chambres, seuls lieux véritablement privatifs, et cet espace commun central.

La relation entre l'aménagement de l'habitation et la lumière du jour est un autre aspect essentiel de la tradition scandinave. Durant l'hiver, marqué par un climat rude et des journées très courtes, les Scandinaves passent l'essentiel du temps à l'intérieur. La lumière artificielle tient donc un rôle prépondérant dans la vie quotidienne. Dès le début de l'après-midi, lampes et chandelles s'allument les unes après les autres pour accompagner la course descendante du soleil sur l'horizon. Ces îlots de lumière permettent de diviser le lieu de vie principal en autant de

sous-espaces dotés d'un charme et d'un caractère propres à chacun.

Apprendre des régions alpines

Il existe également une séparation entre les chambres et l'espace cuisine/salon dans les chalets alpins, mais ici, en raison du mode de chauffage, elle est le plus souvent verticale. Le vaste foyer érigé au centre de l'habitation permet la cuisson des aliments tout en assurant le confort thermique des occupants : à l'étage, grâce à un système ingénieux, les chambres reçoivent une partie de la chaleur générée par l'âtre central. Avec leurs imposants toits à double pente et leurs murs extérieurs à la surface réduite au minimum – souvent le produit d'aménagements successifs au fil des générations –, les chalets alpins peuvent être décrits comme des constructions en bois ramassées sur elles-mêmes et dotées d'un cœur chauffant.

Échelle et superficie

L'une des clés de l'habitat compact consiste à faire apparaître un espace plus grand qu'il ne l'est en réalité. Les cellules d'une prison ont une faible superficie, car elles sont conçues avant tout dans un souci sécuritaire, sans prendre en compte le confort ou la relation avec l'extérieur. Dans un autre registre, les cellules monacales, destinées à favoriser la contemplation et l'adhésion à des idéaux esthétiques, frappent par leur austérité, mais les moines n'y sont pas confinés : ils peuvent accéder à des lieux de culte, travailler dans les champs et partager des espaces de vie communs avec d'autres condisciples.

Pour qu'un logement réduit devienne attractif, en accord avec les critères de la vie moderne, il est nécessaire de le rendre confortable malgré sa faible superficie. Il faut également insister sur le fait que les gains économiques permis par un tel choix de vie permettent de profiter davantage

Apprendre de la Scandinavie : la *samtalekokken*, ou cuisine en tant que principal lieu de vie, constitue le cœur de l'habitation scandinave moderne. Elle réunit les membres de la famille et les amis.

Apprendre des régions alpines : fruit d'aménagements successifs, le chalet alpin traditionnel est construit autour d'un foyer central servant à la cuisson des aliments et diffusant sa chaleur aux chambres situées à l'étage.

d'équipements publics tels que salles de sport, musées et médiathèques.

Notre perception d'un espace est toujours influencée par les caractéristiques des espaces adjacents. À cet égard, la cathédrale médiévale constitue un excellent exemple. L'impression de monumentalité induite par la nef d'un tel édifice serait moins marquée s'il était possible d'y accéder directement depuis son parvis, où il n'existe pas de limite verticale. Le porche clos qui sépare ces deux entités, sombre et de faible superficie, fait ressortir les dimensions hors norme du principal volume intérieur. Cette séquence parvis/porche clos/nef forme un exemple d'artifice basé sur la perception optique. Un tel procédé n'est pas propre aux cathédrales médiévales : il existe également dans l'habitat compact.

Ludwig Mies van der Rohe a utilisé une stratégie quelque peu différente pour sa fameuse Farnsworth House, construite en 1951 dans l'Illinois. En remplaçant les murs extérieurs par des parois entièrement vitrées, l'architecte germano-américain est parvenu à faire entrer les éléments du paysage environnant au sein de l'habitation. Ainsi, l'édifice semble davantage délimité par les arbres qui l'entourent que par ses frontières physiques et, en dépit de leur faible superficie, les espaces intérieurs apparaissent aérés et spacieux. Les pièces utilitaires sont regroupées dans un caisson de bois entièrement détaché des façades et positionné de façon non centrale.

Plusieurs lieux de vie de proportions différentes sont ainsi créés par la relation entre les parois vitrées et ce conteneur. Il en ressort une habitation à la fois agréable et fonctionnelle créée à partir d'un concept d'une grande simplicité.

Combiner les fonctions

Dans Paris il y a une rue ;
Dans cette rue il y a une maison ;
Dans cette maison il y a un escalier ;
Dans cet escalier il y a une chambre ;
Dans cette chambre il y a une table ;
Sur cette table il y a un tapis ;
Sur ce tapis il y a une cage ;
Dans cette cage il y a un nid ;
Dans ce nid il y a un œuf ;
Dans cet œuf il y a un oiseau.

L'oiseau renversa l'œuf ;
L'œuf renversa le nid ;
Le nid renversa la cage ;
La cage renversa le tapis ;
Le tapis renversa la table ;
La table renversa la chambre ;
La chambre renversa l'escalier ;
L'escalier renversa la maison ;
La maison renversa la rue ;
La rue renversa la ville de Paris.

Dans Paris, poème de Paul Éluard extrait du recueil Poésie involontaire et poésie intentionnelle.

Cette comptine illustre les variations d'échelle entre des espaces interconnectés. Elle reflète, de façon presque onirique, les relations existant entre plusieurs espaces étroitement reliés entre eux, du plus confiné au plus vaste. Cette imbrication spatiale au sein

d'un lieu de plus grande dimension forme la base du concept d'habitat réduit.

Dans la tradition occidentale, le salon est généralement la pièce la plus grande de l'habitation, de même que la plus polyvalente. C'est aussi, très souvent, la seule à recevoir des invités. De même qu'au Japon, où l'absence de meubles autorise une grande souplesse d'utilisation, le lieu de vie principal jouit d'un statut particulier dans le monde arabe. Ses occupants ont coutume de s'asseoir contre les murs, laissant ainsi le centre de l'espace inoccupé. Ce particularisme influe également sur la façon dont est perçue l'hospitalité. Ici, le visiteur se trouve placé au centre de la pièce, entouré et embrassé du regard par ses hôtes. À l'inverse, en Occident, la table de la salle à manger offre un nombre de places limité qui tend à exclure les visiteurs occasionnels. Destiner les murs périphériques d'un lieu de vie au repos des membres de la famille constitue une façon très rationnelle d'utiliser l'espace disponible.

Au cœur d'une habitation moderne, un espace de travail peut accueillir diverses occupations. S'il est aménagé au sein d'un logement familial, une simple isolation phonique suffit à le

Tenhachi Architect & Interior Design, une agence d'architecture japonaise, a rassemblé ici plusieurs fonctions distinctes dans un espace unique.

centimètre carré compte. Les spécialistes de l'architecture hôtelière ont donc appris à optimiser le lieu voué aux ablutions afin de libérer davantage d'espace pour les autres fonctions de l'unité d'occupation. Lorsque l'ajout d'une baignoire est souhaité, celle-ci est intégrée au lieu de vie plutôt qu'à la salle de bains. Cette dernière est ainsi plus compacte et l'espace au-dessus de la baignoire rend la chambre plus spacieuse. Les toilettes sont sans doute le seul équipement difficilement adaptable à un autre usage, à la différence des douches et des lavabos, qui peuvent également tenir lieu, dans les plus petits logements, d'équipements pour la cuisine. Il est rare en effet, pour une personne seule, de se laver et de préparer son repas au même moment.

Introduire l'habitat compact au sein des villes d'aujourd'hui

Plutôt que d'être produit à grande échelle par un promoteur, le logement peut être le fruit du travail créatif d'architectes indépendants. Nombre des projets présentés dans cet ouvrage ont pour base commune la reconversion d'espaces urbains auparavant voués à un usage industriel ou commercial. À l'écart des villes, l'habitat réduit explore les possibilités d'aménagement à partir de budgets modestes, ou encore les moyens de contourner des règlements d'urbanisme par trop contraignants. Il devient nécessaire, aujourd'hui de supporter ces engagements et ces initiatives privées, car une société qui ménage une place à de tels projets tire de grands bénéfices de la force créative de ceux qui les ont imaginés. Le tissu construit formant la ville doit être perçu comme un organisme vivant continuellement adapté et modifié par ses habitants. La rigidité des lois et des réglementations tend à contrarier cette faculté d'adaptation

On touche à l'absurde lorsque des édifices vides deviennent des produits spéculatifs plutôt que les éléments essentiels d'une ville sans cesse en mouvement. Bien souvent, ces immeubles restent inhabités durant plusieurs décennies alors que les quartiers dans lesquels ils sont situés subissent une grave crise immobilière. Dans ces conditions, le moindre espace – bande étroite entre deux immeubles existants, toit-terrasse ou entrepôt abandonné – devient précieux. Dans ce registre, l'exemple hollandais est très instructif.

préserver du bruit occasionné par les autres activités du foyer. Un concept voisin préside aujourd'hui à l'aménagement des bureaux en open space. Bien souvent, ces plans libres incluent plusieurs îlots clos dédiés aux téléconférences, à l'abri du brouhaha général. Dans le logement d'une personne seule, l'espace de travail peut se limiter à un support pour un ordinateur portable. Cette réduction des besoins permet d'utiliser cet espace pour d'autres usages, par exemple la préparation des repas.

Les chambres, quant à elles, offrent de multiples possibilités en matière de rangement. À lui seul, un lit occupe de 2 à 4 m². Réduire la hauteur de cet espace, que l'on occupe toujours en position allongée, ouvre un grand nombre de solutions de stockage aussi intéressantes que variées. Pour vivre dans un espace réduit, il est préférable de faire preuve de discipline et, idéalement, de posséder peu de choses. Bien sûr, la meilleure méthode consiste à s'abstenir d'en faire l'acquisition. De façon évidente, un nombre de meubles limité et une garde-robe délestée des vêtements portés une fois par an vont dans le sens d'un logement plus spacieux.

En matière de salles de bains compactes, le monde de l'hôtellerie montre l'exemple pour une raison tout à fait évidente : quand il s'agit de calculer la rentabilité d'un établissement hôtelier, chaque

Jusqu'en 2010, aux Pays-Bas, il était légal de squatter un bâtiment vide depuis plus d'un an à condition de déclarer cette occupation aux autorités. La loi visait à empêcher que des édifices de bureaux demeurent inoccupés dans un pays souffrant d'un manque chronique de logements. Cette possibilité de modifier de façon aussi rapide et aussi radicale l'usage d'un bâtiment encourageait l'initiative privée. Aujourd'hui, la lourdeur des procédures administratives nécessaires pour obtenir le changement d'usage d'un édifice constitue l'une des raisons de l'immobilisme du logement dans une société en pleine mutation.

Une situation comparable se produit lorsqu'une ville connaît une soudaine croissance démographique. À Berlin, un grand nombre de terrains laissés vacants depuis la fin de la Seconde Guerre mondiale ont été investis par les développeurs après la chute du Mur en 1989. En règle générale, le rythme de la construction ne peut suivre celui du déplacement des populations, de sorte que l'on observe presque toujours, dans une telle situation, une forte augmentation du coût de l'habitat. Plutôt que d'attendre, souvent vainement, de vastes projets d'aménagement initiés par les pouvoirs publics ou par des promoteurs soucieux de

profit, chaque citadin devrait contribuer de façon personnelle et active à la création de nouveaux lieux d'habitation. Une simplification de la législation existante encadrant l'attribution des permis de construire pourrait accélérer ce processus et permettre l'exploitation d'espaces résiduels tels que cours intérieures et toits-terrasses des immeubles d'habitation. Il devrait être possible, pour un propriétaire, de céder une étroite bande de terrain rendue légalement constructible. La superficie minimale des terrains à bâtir devrait être revue à la baisse afin de mieux répondre aux moyens financiers des particuliers. Les terrains les plus vastes pourraient être divisés en de multiples lots, de façon définitive ou sur la base d'un bail, à la manière des jardins ouvriers allemands, qui sont le plus souvent donnés en location par les autorités locales pour une période de 60 ans. Ces terrains seraient ainsi épargnés par les projets d'aménagement et resteraient disponibles pour des initiatives individuelles, donnant aux futures générations la possibilité de mieux gérer les défis proposés par la ville moderne.

Au-delà de l'aspect politique, il existe un réel bénéfice à permettre aux individus de réaliser leurs rêves. Rêver d'un espace vertical dans une étroite bande enserrée entre deux édifices, d'une cabane sur le toit dans un environnement où l'horizon est presque toujours invisible ou d'une petite maison au milieu des champs parle de notre désir d'une meilleure qualité de vie et de logements plus responsables, ainsi que de notre souhait de contribuer à une planète plus juste.

Sigurd Larsen, designer et architecte

Built-ins

Alors que le moindre mètre carré devient de plus en plus précieux, nombre de créateurs choisissent des méthodes novatrices pour tirer le meilleur parti des espaces les plus réduits. Les *built-ins* peuvent être conçus pour répondre de façon très précise aux exigences de l'utilisateur. Construits sur mesure pour s'inscrire dans un emplacement spécifique, ces éléments encastrés offrent des possibilités presque infinies, limitées uniquement par le budget disponible ou l'imagination du décorateur. Un choix bien pensé des matériaux est ici crucial pour conserver la cohérence de l'aménagement.

Une chambre d'hôtel loft

L'agence d'architecture néerlandaise <u>Concrete</u>, à Amsterdam, a conçu les cent trente-trois « lofts » de l'hôtel Zoku, établissement situé dans le centre d'Amsterdam, comme autant de mini-appartements. Avec une durée d'occupation d'une nuit à plusieurs mois, il était

Le loft de l'hôtel Zoku, avec son espace de vie ouvert, associe les fonctions d'un bureau, d'une maison et d'un hôtel. En bas à gauche: vue du mini-appartement depuis la porte d'entrée.

essentiel que ces unités offrent une plus grande polyvalence qu'une chambre d'hôtel traditionnelle. Chacun des lofts, qui mesure 25 ou 30 m², regroupe un espace de vie ouvert et jouissant d'une hauteur de plafond très confortable, une kitchenette, une chambre en mezzanine, un coin bureau astucieusement aménagé sous celle-ci et de très nombreux rangements. Le lieu de vie s'organise autour d'une table au plateau en bois de bambou qui peut être utilisée à la fois pour les repas et pour travailler, ainsi que des anneaux de gymnastique accrochés au plafond. L'escalier de six marches menant à la mezzanine est entièrement escamotable, ce qui permet d'augmenter la surface au sol disponible, et l'espace de couchage se trouve isolé visuellement du reste du loft par d'élégants claustras en bois.

Les lofts de l'hôtel Zoku ont été conçus sur la base d'un concept d'espace multifonctionnel.

En haut à gauche: **l'espace
de couchage en mezzanine.**
En bas à gauche: **table,
chaises et canapé donnent
l'impression d'être chez soi.**
Ci-dessous: **l'escalier entièrement
escamotable et le coin bureau.**

Une maison verte dans un appartement blanc

L'agence d'architecture portugaise URBAstudios a transformé une chambre située dans un immeuble (XIXe siècle) du centre historique de Porto en un petit appartement destiné à la location, pouvant accueillir cinq personnes. L'appartement étant situé au dernier étage, il a été possible de gagner une surface utile non négligeable (13 m²) en récupérant une partie des combles. L'espace a été divisé en deux parties: la maison verte, qui abrite deux niveaux de couchage et imite le toit à double pente d'une maison traditionnelle, et la pièce blanche, lieu de vie principal percé de deux fenêtres en façade et jouissant également du volume gagné sur les combles. Une simple échelle permet d'accéder au couchage supérieur, tandis que des partitions en lattes de pin naturel séparent agréablement les deux espaces de couchage de la pièce à vivre.

En haut: **le coin cuisine occupe la partie gauche du couloir d'entrée.** Ci-dessus: **dans la maison verte, une échelle permet d'accéder au couchage supérieur.** Ci-contre: **l'appartement associe la maison verte et le lieu de vie décoré en blanc.** Page opposée: **la partie haute du volume de l'appartement a été gagnée sur les combles.**

Une micro-chambre inspirée du Japon

Dans un immeuble classé du centre de Melbourne, la firme Clare Cousins Architects a converti un espace libre de 75 m² en un appartement familial. S'inspirant de la tradition japonaise, les architectes ont aménagé deux micro-chambres : l'une de seulement 2 m de largeur abrite un lit à une place, l'autre meublée d'un lit double est séparée de l'espace de vie principal par trois portes coulissantes en bois peint. Un autre coin couchage placé sur la mezzanine permet de recevoir des visiteurs.

L'espace de couchage surélevé s'inscrit dans un caisson en bois et peut être clos à l'aide de portes coulissantes. La partie gauche du caisson est occupée par un ensemble de rangements intégré.

Un lit derrière une porte coulissante

Guidée par la volonté de favoriser le développement de l'habitat urbain, l'agence australienne <u>Brad Swartz Architects</u> a pensé cet aménagement à faible coût pour un studio de 27 m² situé dans le centre de Sydney. Le studio a été divisé en deux parties afin d'établir une nette distinction entre l'espace privatif, qui englobe une chambre minimaliste, et le lieu de vie, dans lequel a été aménagée la cuisine ouverte. La salle de bains et l'espace de couchage, accessibles par des portes coulissantes, sont séparés de la pièce à vivre par un ensemble de placards et d'étagères qui s'imbriquent les uns dans les autres à la manière des éléments du jeu Tetris, optimisant ainsi l'espace disponible.

CATCH-22
Edible Selby
JAPANESE DESIGN
KM3
MVRDV
JERUSALEM
Walk The Line

L'ensemble de rangements s'inscrit habilement entre le lieu de vie et l'ensemble salle de bains / couchage. Il accueille les éléments coulissants, de même que placards, étagères, coin bureau et téléviseur.

25

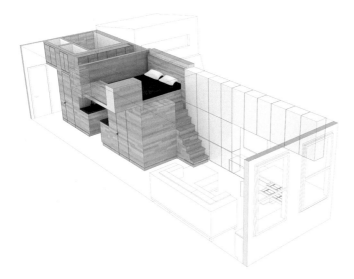

Un caisson de bois

Le cabinet new-yorkais Jordan Parnass Digital Architecture (JDPA) a réagencé un espace de 46 m² dans le quartier d'East Village, à New York, pour créer un studio d'habitation très fonctionnel. Selon leurs auteurs, la ligne directrice du projet a consisté à inscrire le mode de vie du client, un cadre de la société de confection American Apparel, dans l'ADN du lieu et d'utiliser ses habitudes domestiques pour modeler l'espace disponible. Grâce à de nombreux rangements, les architectes sont parvenus à maintenir la perception d'un ensemble très ordonné tout en créant plusieurs espaces aux fonctions bien distinctes. Un caisson massif habillé de bois clair abrite la cuisine et la salle de bains tout en servant de support, en mezzanine, à un espace de couchage qui jouit d'une hauteur de plafond suffisante pour intégrer un dressing et de nombreux rangements. La finition satinée du bois clair contraste élégamment avec les murs blancs de l'ensemble.

Ci-contre: **le secret d'un appartement bien tenu? De nombreux rangements, adroitement dissimulés à l'intérieur du caisson utilitaire habillé de bois.** Ci-dessus: **les lignes épurées, les larges miroirs et la paroi de douche vitrée amplifient les dimensions modestes de la salle de bains.** Ci-dessous: **chacune des cinq premières marches de l'escalier abrite un tiroir.**
Page opposée: **dans la pièce à vivre, une face menuisée toute hauteur à la finition blanc brillant intègre un espace de travail, une télévision et une console multimédia.**

Grâce à de nombreux rangements, les architectes sont parvenus à maintenir la perception d'un ensemble très ordonné.

Un lit et un bureau

L'agence d'architecture taïwanaise A Little Design a joliment transformé cet appartement de 22 m², situé à Taipei, en un espace compact pouvant accueillir toutes les activités du quotidien urbain. L'une des priorités de la cliente était de pouvoir prendre un bain chaud en rentrant de son travail. Le projet comprend donc une salle de bains équipée d'une baignoire, une décision surprenante dans un espace aussi petit. Le coin couchage a été aménagé en mezzanine au-dessus de l'ensemble cuisine / salle de bains. Malgré sa faible hauteur sous plafond, il intègre un espace de travail que l'on utilise assis à même le sol. Le choix de matériaux basiques et d'un décor minimaliste – murs peints en blanc mat, parquet en bois clair et menuiseries en bois brut – accentue l'impression de rationalité, tandis que l'élégance générale est rehaussée par le fin garde-corps en acier peint de l'escalier menant à la mezzanine.

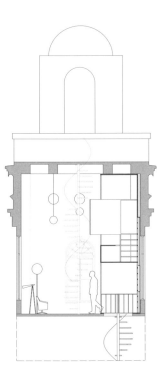

Lieu de vie vertical

Ici, les architectes du studio néerlandais <u>i29 Interior Architects</u> ont imaginé l'aménagement d'un espace de vie dans la tour du majestueux édifice abritant le grand magasin De Bijenkorf à Amsterdam. D'un côté de l'espace disponible, plusieurs caissons de bois ont été empilés du sol au plafond et sont reliés entre eux par plusieurs échelles et un escalier en colimaçon en acier noir. Ils abritent un lit de jour, un espace de travail, un coin repas et un vaste rangement. L'autre côté a été laissé ouvert et entièrement habillé de blanc pour un élégant contraste. Selon les concepteurs, cet aménagement « réunit deux univers en un espace unique en jouant sur les échelles et les perceptions, à l'image du monde onirique d'*Alice au Pays des Merveilles* ».

Une partition lumineuse

L'Appartement Spectral, fruit d'une rénovation d'un studio de 20 m² dans un quartier résidentiel de Paris, a été conçu par les Français <u>Raphaël Bétillon</u> et <u>Nicolas Dorval-Bory</u> avec le souci d'optimiser les sources de lumière naturelle. L'espace, entièrement habillé de blanc, inclut un couchage en mezzanine aménagé au-dessus d'un lavabo et d'une douche. À l'aide d'une paroi-écran centrale, les architectes ont divisé l'espace en deux parties dotées chacune d'un système d'éclairage distinct: l'un à IRC (indice de rendu des couleurs) élevé pour le lieu de vie, l'autre à IRC nul pour la salle de bains et l'espace de couchage. La lumière monochromatique orangée de cette dernière partie de l'appartement induit une atmosphère chaude et feutrée très agréable.

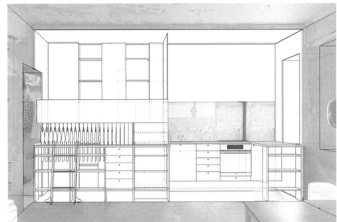

Du neuf et de l'ancien

Avant d'être mis sur le marché en 2012, cet espace de 36 m² dans le centre de Stockholm avait été utilisé comme garde-meubles pendant plus de trente ans. Les travaux entrepris par l'ancien propriétaire dans les années 1980 n'avaient jamais été terminés et l'état de l'appartement évoquait un voyage dans le passé. L'architecte suédoise Karin Matz a tiré parti de ce contexte pour créer un espace opposant le neuf et l'ancien.

Une partie de l'appartement a été agencée de façon moderne pour créer la cuisine, la chambre, un dressing et de nombreux rangements. Dans l'autre partie, adjacente mais nettement séparée de la première par le traitement de sol, les murs revêtus de papier peint en partie déchiré ont été laissés en l'état, ce qui induit un contraste saisissant.

Une paroi modulable
à facettes

Dans ce projet conceptuel, l'architecte russe Vlad Mishin a créé plusieurs
éléments modulables afin d'optimiser les volumes d'un appartement
de 60 m² situé à Moscou. Un mur de séparation à larges facettes,
constituée d'une armature métallique et de panneaux de contreplaqué,
divise l'appartement en deux dans sa longueur et dissimule des espaces
aux fonctions différentes. À une extrémité, l'élément séparant la
chambre du salon pivote sur son axe pour révéler ou masquer une
télévision et des étagères. Au centre, les portes articulées de l'élément
central se replient pour donner accès à un confortable coin cuisine.
La configuration des éléments définissant la fonction des espaces,
l'architecte précise que « l'orientation des facettes n'a pas été décidée
au hasard, mais résulte des contraintes techniques ».

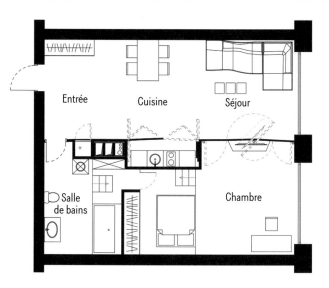

Ci-dessus: **une paroi irrégulière constituée de panneaux de contreplaqué divise l'appartement dans sa longueur.** En haut à droite: **l'un des éléments pivote pour orienter télévision et étagères vers la chambre ou le salon.** Ci-contre: **au centre de l'espace, des portes articulées s'escamotent pour faire apparaître un coin cuisine entièrement équipé.**

Minimalisme modulaire

Lieu _____ **Buenos Aires, Argentine**
Nombre d'occupants _____ 1
Superficie _____ 32 m²

Dans cet ensemble de logements communautaires de Buenos Aires, une conception habile a permis de tirer le meilleur parti d'un habitat réduit.

Comment l'architecture peut-elle redéfinir l'espace domestique ? De quelle façon peut-on optimiser les espaces réduits ? Comment rendre les logements abordables tout en conservant de hauts standards esthétiques et environnementaux ? Voilà quelques-unes des questions auxquelles s'efforcent de répondre les professionnels du collectif IR Arquitectura, fondé en 2008 à Buenos Aires par les architectes argentins Luciano Intile et Andrés Rogers. À travers le projet Quintana 4598, un ensemble de logements communautaires construit dans la capitale argentine, le collectif s'est penché avec pertinence sur la dualité habitat compact et coût du logement. L'édifice s'élève dans le quartier résidentiel de Saavedra, à six pâtés de maisons de l'agence des deux créateurs. Ceux-ci avaient déjà construit un ensemble similaire à Saavedra quelques années auparavant et appréciaient plus particulièrement les nombreux parcs publics de ce quartier de Buenos Aires, dans lesquels les habitants ont coutume de se réunir et de se divertir.

L'édifice de cinq étages d'allure moderne, implanté à l'angle de deux rues, s'inscrit parfaitement dans son environnement à la fois par ses couleurs, ses dimensions et ses rythmes visuels. De larges balcons rectangulaires se projettent hors de l'enveloppe à la manière de boîtes pour amplifier le dynamisme de la composition, attirant le regard tout en protégeant parfaitement l'intimité des occupants. Au rez-de-chaussée, l'angle principal du bâtiment s'efface au profit d'un renfoncement couvert qui semble inviter les passants. Au même niveau, une rangée de garages s'ouvrant sur la rue est close par d'élégantes portes métalliques blanches. Le traitement est différent aux étages supérieurs, où un discret

L'immeuble Quintana 4598 réunit douze
appartements pour seize résidents :
trois studios de 32 m² et un deux-pièces
de 47 m² à chacun des trois étages.
Le rez-de-chaussée accueille garages et
locaux techniques, tandis que le dernier
niveau abrite un espace communautaire
s'ouvrant sur une terrasse végétalisée.

Pour résoudre les problèmes de stockage, des rangements ont été intégrés aux modules utilitaires, le plus souvent en partie haute.

En haut: **dans chaque appartement, plusieurs modules utilitaires sont disposés sur la longueur. Dans les deux-pièces, la chambre est isolée par une séparation.** Ci-dessus: **les coursives aérées favorisent les rencontres informelles.**

treillis sert de support à des plantes grimpantes qui, à terme, recouvriront les murs de façade, changeant d'apparence au rythme des saisons.

À l'intérieur, l'édifice traduit l'exploration d'un habitat compact et convivial pour seize jeunes actifs employés dans les secteurs du design et du commerce. Il réunit douze logements dans lesquels l'utilisation de chaque mètre carré a été pensée avec le plus grand soin : à chaque étage, trois studios de 32 m² s'ouvrent sur les façades longitudinales et un deux-pièces de 47 m² donne sur les façades latérales.

Les logements ont tous été conçus selon le même principe : un ensemble de modules utilitaires est disposé dans la plus grande longueur afin de laisser le reste de l'espace libre et adaptable aux besoins ponctuels des utilisateurs. Pour résoudre le problème du stockage, toujours épineux dans un espace exigu, de nombreux rangements ont été intégrés à ces divers modules, le plus souvent en partie haute. La superficie des cuisines et des salles de bains a été

limitée à 3 m² dans un souci d'optimiser la place disponible. Dans les studios, le couchage occupe une niche de 3 m² aménagée au-dessus de trois hauts tiroirs et de quatre plus petits qui servent aussi de marches d'accès. Les deux-pièces bénéficient de balcons plus vastes, mais également d'une plus grande capacité de rangement et d'une séparation entre la chambre et le lieu de vie principal.

En réduisant l'habitat compact à une approche matérialiste, on en vient souvent à réduire les coûts au détriment du confort moral et physique des occupants, mais vivre dans un espace très confiné et mal conçu peut mener à la claustrophobie et à l'isolement social. Ici, les balcons sont accessibles par des baies vitrées coulissantes qui laissent largement pénétrer l'air et la lumière pour une meilleure communion avec l'extérieur. Ils ne sont pas fermés par des matériaux

Ici, l'efficacité ne concerne pas seulement l'usage de l'espace : elle reflète également une préoccupation environnementale de tous les instants.

rigides, mais à l'aide de toile tendue, ce qui permet de moduler le degré d'intimité souhaité. En plus de l'ascenseur, un escalier ouvert relie les niveaux les uns aux autres, favorisant les rencontres informelles. Le dernier niveau, converti en espace communautaire, s'ouvre sur une terrasse végétalisée agrémentée d'une piscine. Cet espace est propice aux barbecues et aux réunions entre amis.

Luciano Intile, l'un des occupants, indique que le prix au mètre carré des logements est similaire à celui existant dans les immeubles avoisinants. « La terrasse commune et la piscine sont des aménagements peu communs dans un édifice de cette taille et rarement rencontrés dans cette partie de Buenos Aires », ajoute-t-il. Ces équipements sont le reflet de l'engagement communautaire ayant présidé au projet.

Ci-contre : **le dernier niveau est entièrement dédié à la communauté. Il englobe un lieu clos plurifonctionnel ouvert à tous, une terrasse végétalisée idéale pour les *asados* (barbecues) et une agréable piscine.**

En plus de témoigner des convictions progressistes de ses occupants, l'édifice représente parfaitement le concept de durabilité. Un dispositif de recyclage des eaux usées réduit la consommation hydrique d'environ 10 %, un biodigesteur tire de l'énergie des déchets alimentaires et six panneaux solaires contribuent à la production d'eau chaude. Dans le projet Quintana 4598, l'efficacité ne concerne pas seulement l'usage de l'espace : elle reflète également une préoccupation environnementale de tous les instants.

Partitions

Dans un logement compact, les partitions permettent de diviser l'espace pour offrir de nouvelles fonctions ou garantir l'intimité par l'établissement d'une séparation visuelle. Souvent amovibles et ajustables en fonction des besoins du moment, elles incluent, pour certaines, divers rangements. Le choix des matériaux – verre, claustra métallique ou tissu d'un simple paravent – influe de façon déterminante sur l'aspect définitif du volume ainsi traité.

Bibliothèque et coulissant en bois

Dans cet appartement de 85 m² aménagé par l'architecte polonaise Joanna Kubieniec, une bibliothèque toute hauteur a été associée à un panneau coulissant en bois pour séparer la chambre du reste du logement. Le panneau coulisse dans un sens pour ouvrir la chambre et masquer en partie la bibliothèque, ou dans l'autre pour isoler la pièce et en assurer l'intimité, donnant alors accès à tous les livres placés dans les rayonnages.

Parois de verre et d'acier

L'architecte espagnol <u>Manuel Ocaña</u> a divisé un appartement madrilène de 51 m² en trois lieux de vie de 17 m² en s'imposant les contraintes suivantes : renoncer aux portes et cloisons traditionnelles, et faire en sorte qu'aucun matériau opaque ne se trouve directement relié au plafond. Pour respecter ce concept, l'architecte a choisi de définir les espaces au moyen d'élégantes parois vitrées incluant de fins profils en acier. Des miroirs sont disposés ici et là pour agrandir visuellement les volumes et brouiller les repères domestiques habituels.

Ci-dessus: **plus de 160 panneaux de verre sont assemblés à l'aide de profils en acier pour former d'élégantes parois vitrées.**
Ci-contre: **les sols bien différenciés délimitent les espaces dans les parties ouvertes de l'appartement.**

Boîtes étagères

Ce concept de boîtes étagères a été mis au point par l'agence d'architecture
danoise JDS. Les éléments peuvent être disposés et empilés de diverses façons
en fonction des besoins. Leurs dimensions ont été établies pour pouvoir disposer
la plupart des objets et bibelots souvent mis en valeur dans un appartement.
Ils existent en trois tailles et trois couleurs distinctes, et s'assemblent les uns
aux autres au moyen de clips pour réaliser une multitude de combinaisons.

Mur-bibliothèque

Dans une maison familiale située à Genève, l'architecte suisse <u>Aurélie Monet Kasisi</u> a imaginé deux partitions en contreplaqué de pin pour diviser deux grandes pièces en quatre espaces plus petits. Derrière la première se trouve une salle de jeux pour les enfants accessible par une porte miniature. Ci-contre: le trou en forme de hublot permet une surveillance discrète des enfants. En bas: le mur-bibliothèque, posé sur des pieds créés à partir de vieilles briques ou d'éléments de bordures, sépare un bureau de la chambre d'une jeune fille au pair.

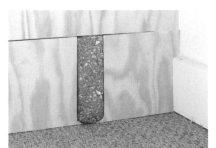

Une partition en L

Dans cet appartement situé à Kanagawa, au Japon, le studio d'architecture nippon Sinato a utilisé une imposante partition en L pour délimiter une chambre et un lieu de vie incluant une cuisine au sein d'un espace ouvert de 64 m². L'aménagement en bois clair, qui intègre des étagères, des tiroirs de rangement et une banquette périphérique, contraste de façon bienvenue avec la structure apparente en béton de l'édifice vieux de vingt-six ans. Une étroite paroi vitrée installée en partie haute de la partition permet d'optimiser la lumière naturelle dans l'espace de couchage, pour améliorer le confort visuel. Les architectes décrivent cet élément de séparation comme « un mur-meuble qui sert à la fois de bibliothèque, de support pour des cadres et de siège d'appoint, symbolisant ainsi la polyvalence et la plurifonctionnalité du lieu ».

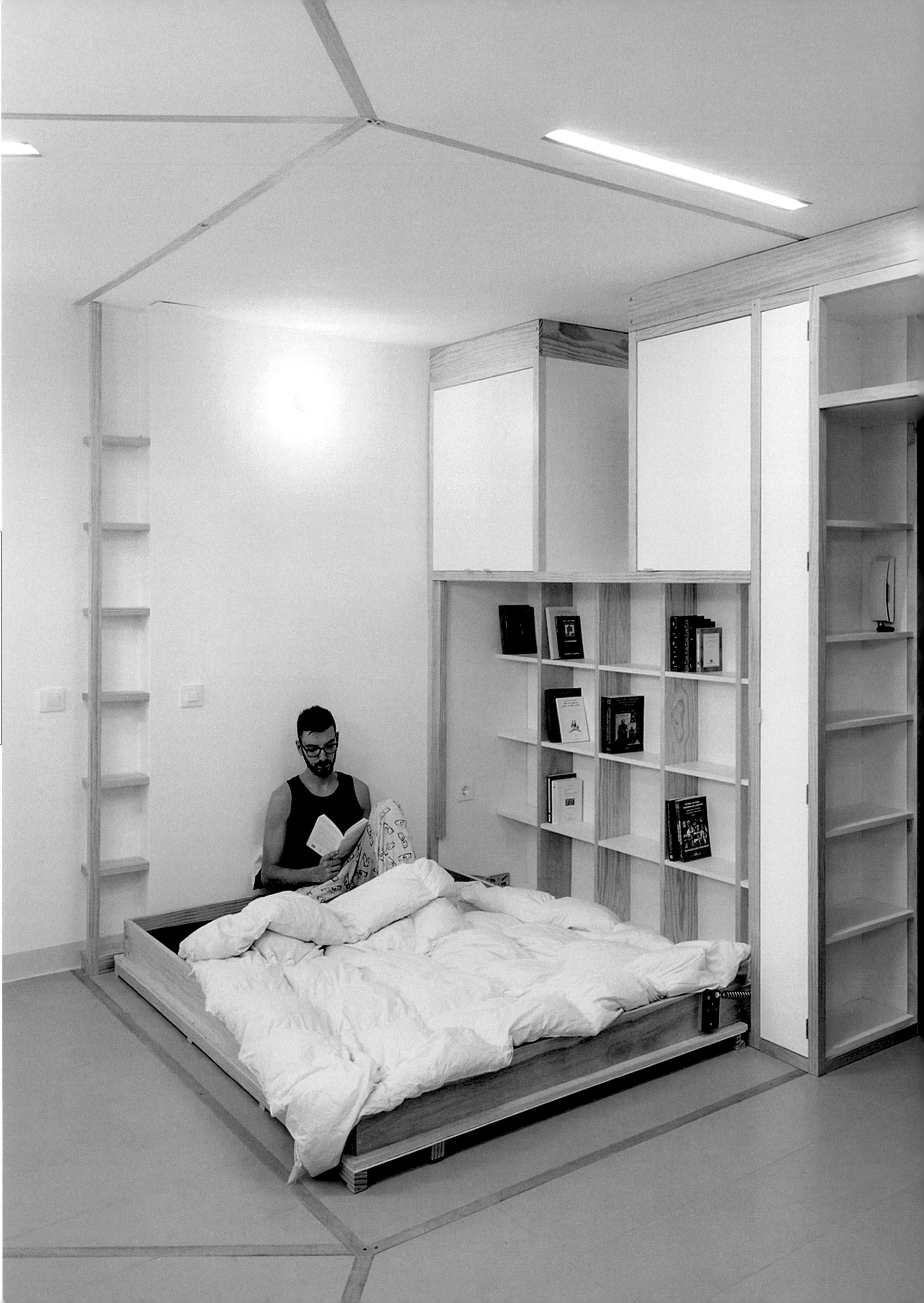

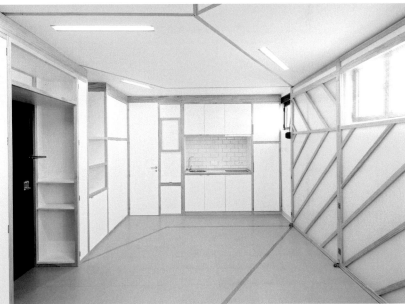

L'appartement cinétique

La rénovation d'un studio de 25 m² à Madrid a été l'occasion, pour l'agence d'architecture locale elii, de concevoir un espace pouvant en permanence être reconfiguré. Une paroi fixe en L définit les modules utilitaires du logement : salles de bains, coin cuisine et rangements. Elle est complétée par plusieurs panneaux articulés à armatures de bois, translucides dans leur partie haute, qui permettent de délimiter divers espaces, notamment un coin chambre et un coin salon, selon les besoins du quotidien. Grâce à ce choix d'aménagement très radical, une partie du studio peut être convertie en espace libre susceptible d'accueillir diverses activités ponctuelles allant de la réunion entre amis à la pratique sportive. Au sol et au plafond, de fines lattes de bois tiennent lieu de guides pour le déploiement des panneaux rendus mobiles par de discrètes roulettes. À travers ce concept, les architectes disent avoir souhaité « transformer l'habitat quotidien en théâtre domestique ».

Modules pour le quotidien

L'Estudio Zooco, agence d'architecture madrilène, a imaginé la rénovation d'un appartement de 36 m² comme un hommage au fameux Modulor de l'architecte suisse Le Corbusier. Dans un souci de rompre avec l'organisation traditionnelle de l'espace domestique, les créateurs ont conçu cinq constructions modulaires au service des principales activités du quotidien : dormir, travailler, se laver, s'habiller et se détendre (en lisant ou en écoutant de la musique). Les modules privatifs, qui englobent le coin couchage et la salle de bains, ont été placés à la périphérie de la pièce, tandis que les espaces communs jouissent d'une position centrale et d'une orientation vers la lumière naturelle. L'usage de bois clair, de mosaïque de verre et de miroirs muraux induit un décor très original.

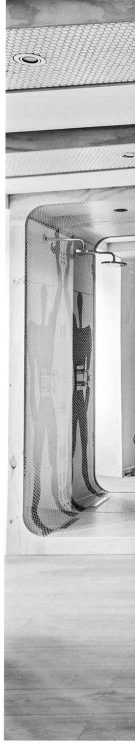

En haut : **la douche et les toilettes sont regroupées dans un module plus isolé.** Ci-contre : **l'un des modules fait office de coin bureau et un autre incite à la lecture.** Ci-dessus : **chaque construction modulaire correspond à une activité bien distincte.**

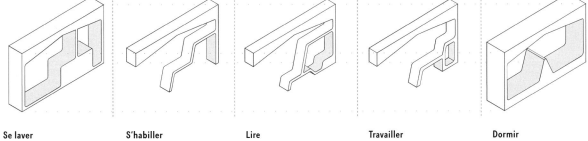

Se laver   S'habiller   Lire   Travailler   Dormir

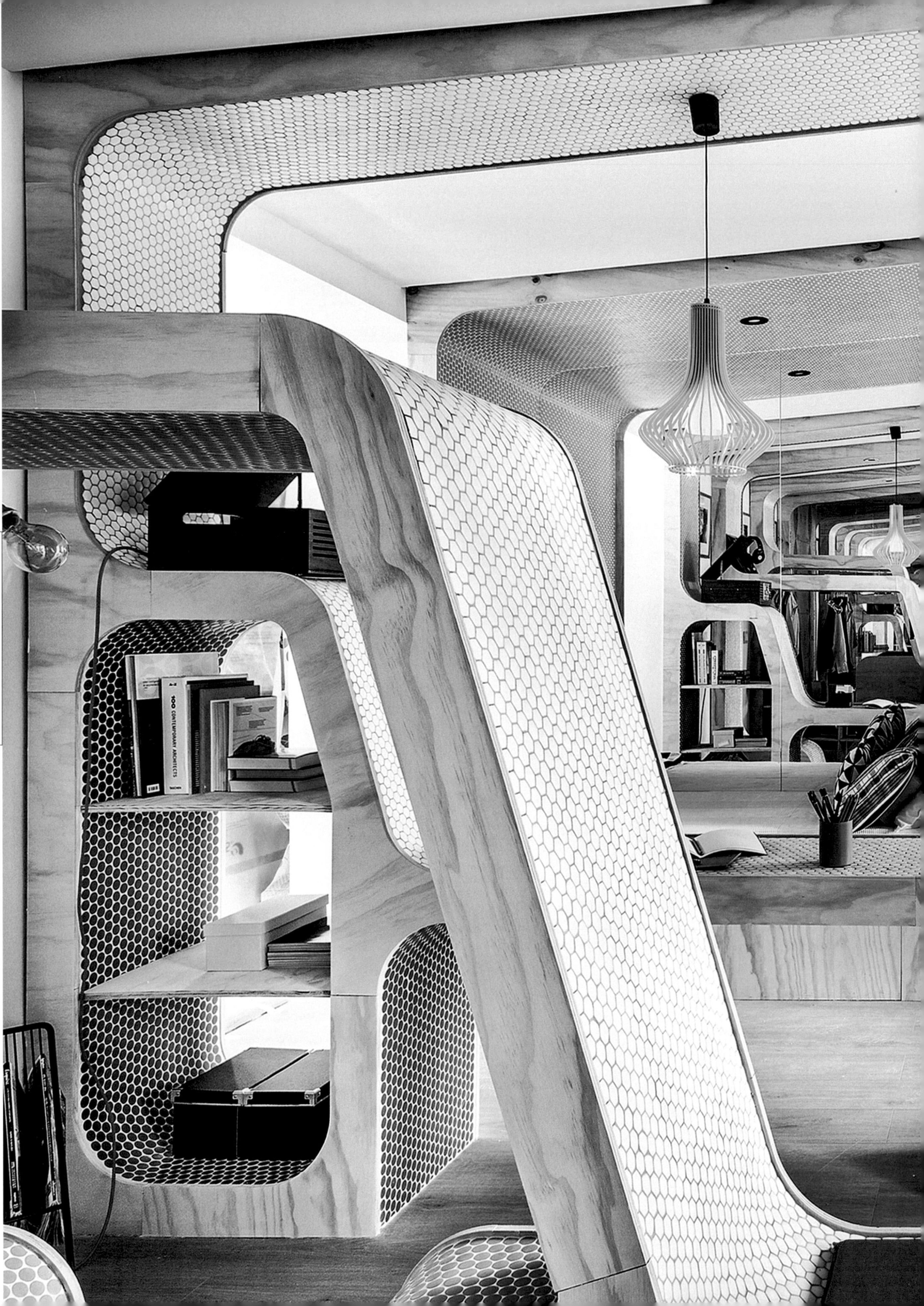
100 CONTEMPORARY ARCHITECTS

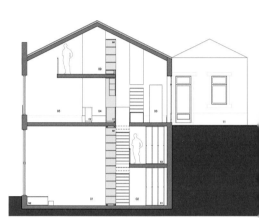

Page opposée: **à l'étage, la structure centrale englobe les éléments de la cuisine ouverte et offre ses rayonnages aux occupants de la mezzanine.** Ci-contre et ci-dessous: **le noyau vertical de 9,60 m de hauteur court du rez-de-chaussée au faîtage, offrant diverses fonctions.**

Atelier, galerie d'art et logement

L'agence portugaise <u>URBAstudios</u> a pensé ce logement d'artiste dans une petite maison située à flanc de colline à Porto. À l'origine, la maison englobait une boutique et un espace d'habitation entièrement indépendants l'un de l'autre. La première décision des architectes a été de démolir l'intérieur de l'édifice, à l'exception du mur séparant la boutique du logement. Aujourd'hui, le rez-de-chaussée accueille un atelier accessible depuis la rue et un espace d'exposition sur deux niveaux, tandis que l'étage, sa mezzanine, et une petite construction annexe ouvrant sur une cour surélevée sont voués à l'habitation. En partie centrale de la maison, une structure en bois haute de 9,60 m, reliée à l'escalier, fait office de partition à chacun des niveaux tout en prêtant ses larges étagères à l'exposition de nombre de dessins et sculptures de l'artiste. À l'étage, la structure en lamellé-collé intègre les éléments d'une élégante cuisine ouverte. Le bois brut se marie de manière élégante avec les tons gris et blanc qui dominent la décoration.

Un espace, cinq fonctions

L'atelier new-yorkais <u>Michael K. Chen Architecture (MKCA)</u> a exploré diverses voies dans le domaine de l'habitat réduit. L'une d'entre elles a donné naissance à l'appartement 5 en 1, qui rassemble, malgré sa faible superficie (36 m²), cinq espaces distincts: salon, coin travail, chambre à coucher, dressing et espace de réception. La rénovation, dans un bel immeuble des années 1920 situé à Manhattan, a d'abord concerné la cuisine et la salle de bains, rendues plus spacieuses. Elle a ensuite consisté en l'installation, au sein du lieu de vie principal, d'une partition coulissante motorisée qui permet de le transformer en un confortable espace de couchage. Déployée, cette séparation dévoile un vaste dressing incluant une penderie et plusieurs tiroirs intégrés, ainsi qu'un lit Queen Size escamotable. Une fois le lit refermé,

l'espace de la chambre à coucher redevient le salon et l'espace de travail. Les mécanismes de la partition coulissante motorisée ont été spécialement conçus pour ce projet et ont nécessité le recours à du matériel sophistiqué.

Page opposée : **durant la journée, les étagères accueillent livres, ordinateur et imprimante pour un espace de travail fonctionnel.** Cette page : **en coulissant, la partition module l'espace entre le jour et la nuit. Partiellement déployée, elle révèle des rangements et un confortable dressing.**

Entièrement déployée, la partition coulissante libère suffisamment d'espace pour placer un lit double escamotable.

Du logement au bureau en une minute

Dans une petite maison d'un seul niveau des quartiers nord de Madrid, l'agence madrilène <u>PKMN Architectures</u> a imaginé un espace d'habitation pouvant être rapidement transformé en bureau. Les architectes ont choisi de laisser libre la moitié de l'emprise au sol et de regrouper, dans l'autre moitié du volume, trois grands blocs coulissants en lamellé-collé pouvant définir, tour à tour, un dressing, une chambre, un espace de travail professionnel et une cuisine. Ces unités posées sur roulettes englobent divers éléments escamotables, dont un lit double et une table de travail, qui peuvent être déployés en fonction des nécessités du quotidien. La première unité, adossée à la salle de bains, est entièrement dédiée au rangement ; la deuxième abrite d'un côté le lit double et de l'autre une bibliothèque ; la troisième englobe, sur une face, les rangements associés à la cuisine et, sur l'autre, un tableau noir utilisable par le client, lui-même designer, pendant ses réunions professionnelles.

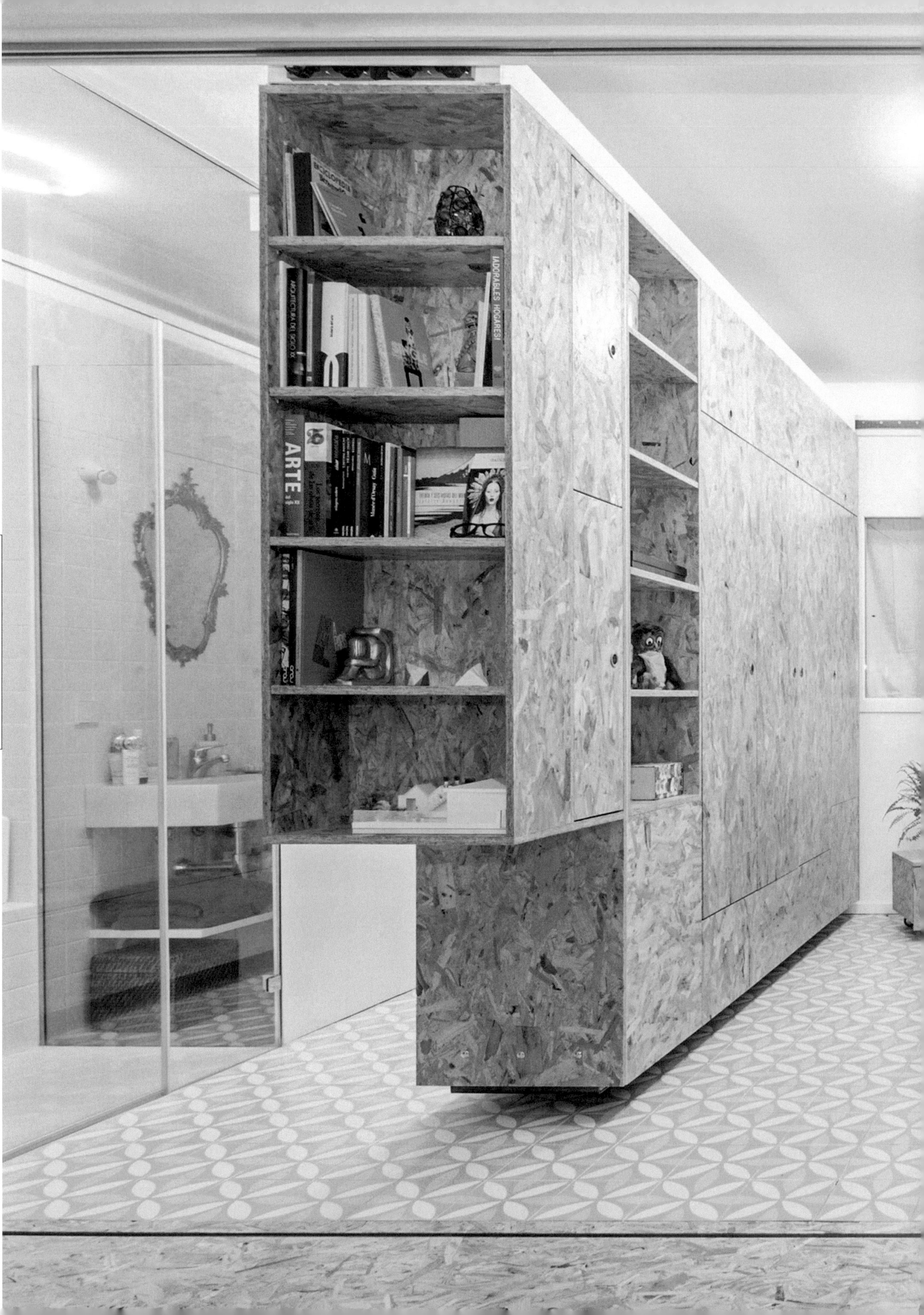
ARTE
¡ADORABLES HOGARES!

Sièges

Dans les pays occidentaux, la plupart des logements sont équipés d'un canapé. Ce meuble dans lequel on peut s'asseoir, dormir ou boire un verre en compagnie d'une personne proche, fait partie d'une tradition domestique solidement ancrée. Hélas, les canapés se distinguent également par leurs dimensions imposantes, souvent dévoreuses d'espace dans les lieux de vie les plus exigus ! Heureusement, il existe des solutions pour pallier cet inconvénient : les sièges peuvent être intégrés dans un volume, escamotés à l'intérieur d'une paroi, dédoublés en espaces de rangement, ou placés sur roulettes pour un déplacement rapide.

Une niche d'exposition

Dans la boutique du studio de design néerlandais Tas-ka, une niche sert d'espace d'exposition pour du linge de lit. Les placards intégrés entourant la niche abritent les échantillons des nombreux tissus d'ameublement fabriqués par la société.

Un siège IKEA

Dans cet appartement, la décoratrice suédoise Emma Fischer a utilisé un élément modulable de la gamme IKEA PS pour créer un agréable coin repos.

Banquette murale

Le studio tchèque
<u>BY Architects</u> a conçu
plusieurs banquettes
murales en contreplaqué
peint pour un appartement
du centre de Prague. Dans
cette pièce, la banquette
s'insère élégamment au
centre d'une bibliothèque,
invitant les occupants
à investir cet espace
pour consulter un des
nombreux livres exposés.

Un canapé en bois minimaliste

Ce canapé reflète
la tradition scandinave
d'un esthétisme basé
sur l'emploi de couleurs
claires et de matériaux
bruts. La structure en
bois donne une
impression de solidité
et les pieds droits
ménagent un volume
de rangement précieux
directement sous
le siège.

Sièges-boîtes

Dans cet appartement de faible superficie situé à Sydney, Nicholas Gurney, un architecte australien, a imaginé un système de sièges modulaires pour optimiser l'espace disponible. Les modules font également office de boîtes de rangement et sont disposés en fonction des besoins des occupants, par exemple pour former un lit d'appoint ou bien, en association avec un plateau escamotable, pour travailler ou prendre un repas sur le pouce. La hauteur des modules a été soigneusement calculée afin de ne pas entraver l'ouverture des fenêtres.

Géométrie variable

Ce lieu de vie fait partie de l'appartement concept de 32 m² imaginé par la société new-yorkaise LifeEdited pour inciter les citadins à vivre « mieux avec moins ». Les sièges, qui se dédoublent en éléments de rangement, peuvent être disposés de diverses façons, y compris pour former un lit d'appoint.

Des tiroirs canapé dans une alcôve

À Taipei, où le coût du mètre carré pousse les habitants vers des logements de plus en plus petits, le studio d'architecture taïwanaise A Little Design a dessiné des meubles sur mesure pour un appartement de 22 m². Quatre grands tiroirs ont été adroitement insérés dans une alcôve puis recouverts d'un tatami pour créer un astucieux canapé.

Deux parois en contreplaqué

L'agence milanaise <u>Studio Wok</u> a installé deux épaisses parois en contreplaqué de part et d'autre de la pièce à vivre d'un appartement de 28 m² situé à Milan. La première, qui délimite cuisine et salle de bains, englobe des rangements, un lit double escamotable et une unité de climatisation. La seconde abrite un dressing, des étagères, d'autres rangements et, en partie basse, un logement pour un lit d'appoint installé sur roulettes qui peut aussi faire office de canapé.

Accord parfait

Lieu ———————— Florence, Italie
Nombre d'occupants ——————— 1
Superficie ———————— 42 m²

Le modernisme italien résiste à l'épreuve du temps dans ce logement/bureau repensé par Silvia Allori à Florence.

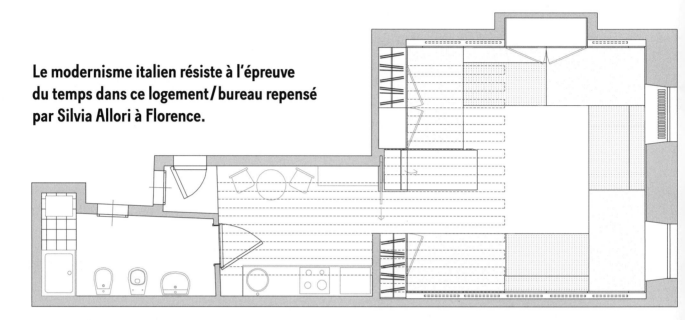

Silvia Allori est persuadée que le destin a placé cet appartement sur sa route. L'architecte d'intérieur italienne était en quête d'un logement à louer dans l'Oltrarno, sur la rive gauche de l'Arno. Cette partie de Florence se situe à l'écart des principaux lieux touristiques et connaît, depuis quelques années, une sorte de renaissance, marquée par l'implantation de galeries d'arts, d'hôtels-boutiques et de petits restaurants. « En me promenant dans les rues, j'ai trouvé diverses choses par terre : une vieille clé, des pièces, un dé... Ce sont ces objets qui m'ont conduite vers ce lieu », explique Silvia Allori.

L'espace en question était à vendre plutôt qu'à louer, mais Silvia Allori comprit très rapidement qu'il s'agissait d'une opportunité à saisir, justifiant les fastidieuses démarches associées à l'achat d'un bien immobilier. L'appartement de 42 m², situé dans un *palazzo* historique, était un bijou du courant moderniste italien. Le père de la créatrice, lui-même architecte, confirma l'intuition de sa fille. Elle précise : « Lorsque mon père a vu l'endroit, il a tout de suite reconnu la patte de Roberto Monsani. Durant les

années 1970, le travail de Monsani était très apprécié de la haute bourgeoisie florentine. »

L'architecte toscan Roberto Monsani, né en 1929, est internationalement connu pour son projet Life, un système de rangements modulaires imaginé dans les années 1970 qui marqua le début d'une longue collaboration avec la société de design italienne Acerbis. De la fin des années 1950 à la fin des années 1970, Monsani s'associa également avec les frères Giancarlo et Luigi Bicocchi pour la construction d'habitations de prestige, en particulier certaines des superbes villas modernistes du parc de Roccamare, dans la forêt de pins toscane.

Comme nombre d'architectes italiens de cette époque, Monsani et les frères Bicocchi ont exploré les aménagements modulaires, reflets du mariage de l'architecture et du design. L'ensemble *Component Wall and Ceiling System* conçu par le trio – un module mural incluant une cuisine, un lit escamotable, des rangements et un système audio – fut l'une des pièces de l'exposition *Italy: The New Domestic Landscape*, abritée par le Museum of Modern Art à New York en 1972.

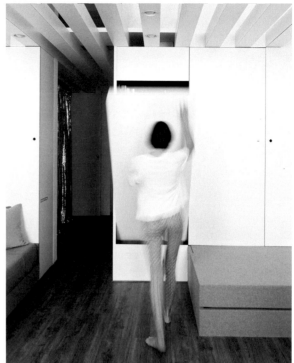

Ci-dessus et ci-contre: les plates-formes en bois servent de tables, de lits ou de banquettes. Des trous circulaires ménagés dans les murs accueillent les chevilles de support d'étagères modulaires. La table dissimule une bibliothèque.

Cet événement célébrait la pertinence d'une approche holistique dans la conception des logements pour prendre en compte les nouveaux usages domestiques.

L'appartement de Silvia Allori, dessiné dans le même esprit, retranscrit bien les préoccupations de Monsani, notamment dans son extrême attention au détail. Le lieu de vie central, d'une superficie de 25 m², accueille plusieurs plates-formes en bois qui peuvent tenir lieu de table, de banquette ou de lit. Les murs revêtus de mélaminé blanc sont percés de larges trous circulaires destinés à accueillir les chevilles de support d'étagères modulaires. Les rangements sont dissimulés à l'intérieur de sobres placards et un élément escamotable peut être abaissé pour servir de table de travail, révélant une modeste bibliothèque. Un antique poste de radio toujours en état de marche a été dissimulé dans l'une des plates-formes. Les sources lumineuses, placées derrière l'habillage en mélaminé des murs et sur la face supérieure des poutres suspendues, procurent un agréable éclairage indirect.

L'appartement avait conservé son charme des années 1970, mais il avait besoin d'une complète rénovation. Grâce à son savoir-faire, Silvia Allori est parve-

« J'aime les petits
appartements. Je m'y
sens comme dans un
nid. Avant de m'installe
ici, je louais une petite
maison de 19 m² au
milieu d'un jardin. »

Certains éléments en bois sont habillés d'un tissu en laine italien haut de
gamme. L'alliance de textures et de
couleurs chaudes atténue la géométrie
de l'espace et contrebalance le blanc
des murs et des plafonds qui a été
conservé. Les dimensions de l'appartement sont idéales pour Silvia Allori,
qui partage son temps entre Florence
et Milan, où vit la personne qui partage
sa vie. Elle explique : « J'aime les petits
appartements. Je m'y sens comme
dans un nid. Avant de m'installer ici, je
louais une petite maison de 19 m² au
milieu d'un jardin. » Pour cette profes-
sionnelle installée à son compte, qui
rencontre souvent ses clients les plus
importants sur les sites de ses projets,
ce logement/bureau remplit parfaitement sa fonction. Son travail condui-

nue à faire entrer cet espace historique dans le
XXIe siècle. Dans la partie arrière, la salle de bains et
la cuisine ouverte intégrée à l'espace d'entrée ont été
dotées d'équipements modernes. La vieille baignoire
a été remplacée par une douche à l'italienne afin de
ménager un emplacement pour une machine à laver
et la vieille cuisinière électrique a laissé place à un
combiné four/plaque de cuisson au gaz à faible
consommation. Les anciennes portes en accordéon
de la cuisine ont disparu au profit d'un élégant rideau
en toile métallique dorée, marquant une volonté de
faciliter l'organisation domestique. Le carrelage gris
de l'entrée et de la salle de bains, et le linoléum fati-
gué de la pièce principale ont été recouverts d'un joli
parquet flottant en bois laminé, facile d'entretien.

sant l'architecte d'intérieur à voyager régulièrement
à l'étranger, elle peut prêter son appartement à des
proches, notamment sa mère qui vit à la campagne et
l'utilise comme pied-à-terre urbain, ou le louer pour de
courtes périodes.

Lors de l'exposition du MoMA en 1972, la plupart des projets exposés, à l'image de celui du collectif avant-gardiste italien Superstudio, allaient dans
le sens d'une redéfinition de la vie domestique au
profit d'un « nomadisme permanent ». Le concept de
l'appartement d'Alleri, imaginé à cette époque, n'était
pas aussi tranché mais, grâce à son esthétisme flexible,
il a résisté à l'épreuve du temps pour abriter, près d'un
demi-siècle plus tard, une jeune femme active parfaitement représentative du nomadisme moderne.

Lits

Le lit constitue un équipement de première nécessité dans notre quotidien mais, au sein d'un appartement de faible superficie, un lit défait comme pièce centrale n'est pas idéal. De fait, il n'est pas toujours facile de trouver une place pour ce meuble aux dimensions souvent imposantes. Malgré tout, il existe diverses possibilités pour contourner ce problème sans nuire au confort: on peut opter pour un coin couchage aménagé en mezzanine, pour un lit surélevé intégrant étagères et tiroirs en partie basse, ou encore pour un lit escamotable venant s'insérer dans une élégante paroi de rangements.

Lit alcôve

Dans cet appartement aménagé au sein d'une maison de maître du XIXe siècle, le studio d'architecture portugais <u>DepA</u> a tiré parti du décor existant pour gagner une place précieuse. Les architectes ont habilement placé le lit dans une alcôve intimiste. Un rideau clôt l'espace et le sépare du principal lieu de vie du logement.

Un lit blanc minimaliste

Dans cet appartement moscovite, l'architecte russe <u>Vlad Mishin</u> a intégré le lit au sein d'un ensemble de rangements. Trois marches mènent à la salle de bains, dissimulée derrière une porte identique aux trois placards adjacents.

Lit podium
d'inspiration scandinave

Dans cette chambre d'un appartement de Wiesbaden, en Allemagne,
les architectes de l'agence germanique Studio Oink ont choisi de positionner le lit
près de la fenêtre, sur un podium en bois clair intégrant de nombreux rangements.
Le brun pastel du bois brut s'allie harmonieusement au beige clair des rideaux
et des murs pour implanter un décor d'inspiration scandinave.

Un lit entouré de livres
pour un écrivain

Lors de ce projet de rénovation mené à Prague, le studio tchèque <u>BY Architects</u> a dû se plier
au souhait de son client, un écrivain, de créer 40 m linéaires d'étagères. Pour cela, les architectes
ont imaginé d'intégrer l'espace de couchage au sein d'un imposant mur-bibliothèque.

Chambres pour parents et enfant

Cet appartement de Kanagawa, au Japon, a été aménagé, pour son usage personnel, par le couple d'architectes fondateurs de l'agence nippone Tenhachi Architect & Interior Design. Le concept a consisté à intégrer deux boîtes utilitaires dans le haut volume existant. L'une d'elles abrite, en partie basse, le lit des parents et, en mezzanine, un espace de couchage pour leur fils de six ans.

Un mur-rangement en diagonale

Le studio d'architecture australien Catseye Bay a rénové ce studio de Sydney en utilisant des éléments de mobilier en bois qui servent aussi à délimiter les espaces. Le plus imposant, qui s'avance en diagonale dans la pièce principale, englobe, d'un côté, un vaste dressing et, de l'autre, des rangements et un confortable lit double. L'astucieuse partition rend l'espace de couchage invisible depuis l'entrée de l'appartement. Pour faire bonne mesure, une banquette a été ajoutée habilement au bout du lit.

En jaune, en rouge et en noir

Ce projet de l'architecte australien <u>Nicholas Gurney</u> pour un studio de 27 m² du quartier de Woolloomooloo, à Sydney, imagine un nouveau style de vie pour les célibataires, une tranche de population en constante augmentation en Australie. Les travaux ont été réalisés en moins de quatre semaines pour un coût d'environ 25 600 euros. Un vaste caisson en bois toute hauteur, abritant entrée, bibliothèque, coin couchage et salle de bains, a été installé dans la longueur de l'appartement, à l'opposé des fenêtres. Ces divers espaces, peints de couleurs vives, sont tour à tour masqués et révélés par des panneaux coulissants au gré des besoins du quotidien. Une cuisine murale habillée de noir laqué complète l'aménagement.

Page opposée en bas :
les panneaux
coulissants révèlent
une bibliothèque
peinte en jaune brillant.
Cette page : l'espace
de couchage englobe
plusieurs placards
et deux vastes tiroirs
situés sous le lit.

Un rideau en feutre

Cette maison prototype de 35 m² conçue par l'Américain Graham Hill,
fondateur du site Internet écologique Treehugger, inclut un renfoncement
pouvant faire office de bureau, de coin bar ou de chambre d'amis.
Un élégant rideau en feutre sépare cet espace du reste du logement.

Un lit escamotable
dans une partition en bois

Dans ce projet pour un studio de 28 m² à Milan, l'agence Studio Wok
s'est efforcée d'optimiser l'espace disponible. Deux des murs
existants ont été habillés de contreplaqué pour intégrer un dressing,
des rangements et un lit double escamotable, en même temps que
les deux portes coulissantes donnant accès à la salle de bains et à
la cuisine. Lorsque le lit est relevé, l'espace du lieu de vie principal
se trouve habilement préservé.

Une chambre suspendue

Dans cette reconversion d'un ancien atelier d'artiste
de 50 m² à Montrouge, imaginée par les architectes français
Emmanuel Combarel et Dominique Marrec (ecdm), la chambre
occupe une boîte suspendue au centre de l'espace et signale,
par sa position, un changement de niveau. « La chambre est
comme une hutte au centre de l'appartement », expliquent
les architectes. Le placement central de la chambre et la façon
dont elle est utilisée pour délimiter les autres lieux de vie
du logement interrogent les notions d'intimité habituellement
associées à cette pièce dans la tradition occidentale.

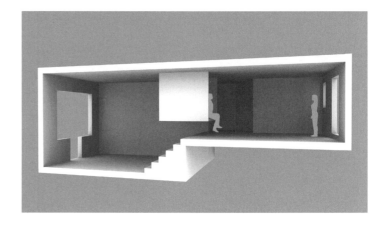

Des boîtes noires pour délimiter l'espace

Les éléments en contreplaqué utilisés par l'architecte
australien Nicholas Gurney pour aménager ce studio
de 21 m² à Sydney ont été assemblés sur le site. En plus
d'abriter de nombreux rangements, les boîtes de couleur
noire délimitent les lieux de vie du logement. Celle qui
sert à isoler le lit englobe un panneau coulissant pouvant
clore entièrement l'espace et dont le rail de support se
trouve intégré dans une étagère courant de mur à mur en
partie haute. Une table de travail solidaire du coulissant
termine la construction.

En haut : **le rail de
support de l'ensemble
coulissant est intégré
dans une étagère
placée en partie haute.**
Ci-dessus : **lorsqu'il est
déployé, l'ensemble
coulissant isole la
niche abritant le lit.**

Lits en boîtes

Ce projet du designer italien <u>Harry Thaler</u> fait suite à une commande de la fondation Museion (anciennement Museo d'Arte moderna e contemporanea di Bolzano) pour l'aménagement du logement-atelier de l'artiste en résidence. Thaler a conçu plusieurs boîtes en bois clair montées sur roulettes et dédiées aux diverses fonctions du lieu. Deux de ces éléments contiennent des espaces de couchage. Pour l'un, qui évoque une armoire traditionnelle, il s'agit d'un lit une place escamotable ; pour l'autre, un large parallélépipède rectangle pouvant s'ouvrir sur trois côtés, d'un confortable lit double. Ces modules dotés d'étagères et d'un éclairage intégré peuvent être aisément déplacés au sein du vaste espace libre au gré des besoins. Dans l'esprit du créateur, ils représentent des « petites maisons au sein d'une grande maison ».

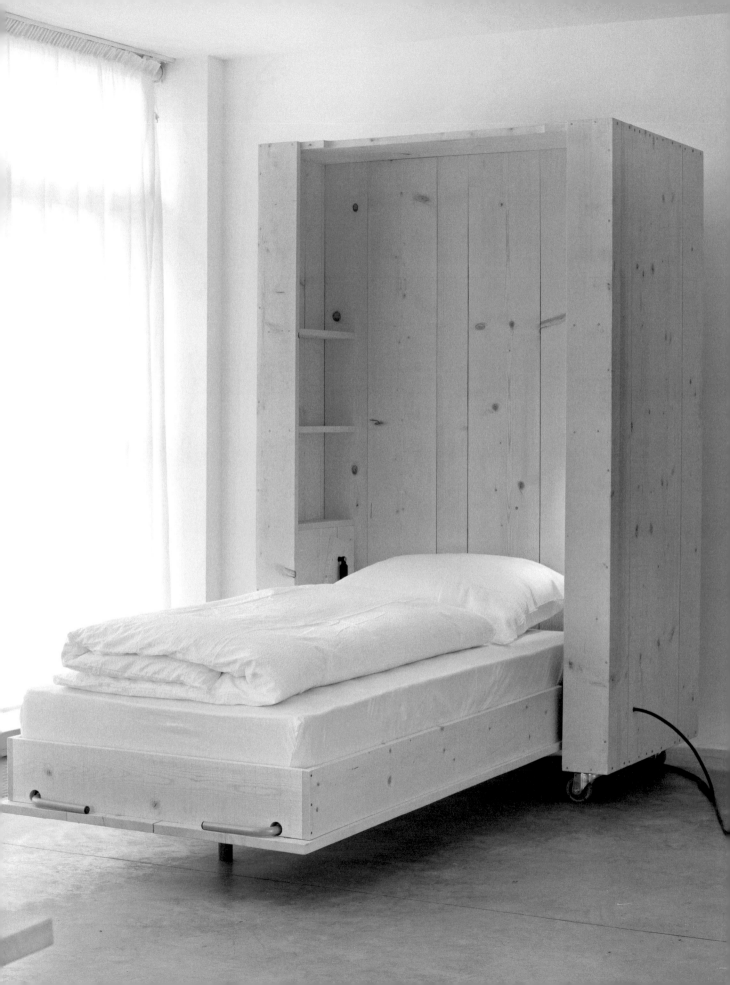

Modules

L'usage d'éléments modulaires constitue souvent une stratégie prioritaire pour les architectes et les designers lorsqu'il s'agit d'aménager un espace de faible superficie. Ces éléments offrent l'avantage d'être conçus pour répondre exactement aux divers besoins du quotidien. Les plus massifs peuvent accueillir une salle de bains, un espace de couchage ou un vaste dressing tout en jouant un rôle essentiel dans la définition des espaces. De plus, ces modules sont aisément démontables et transportables: quand vous déménagez, ils viennent avec vous!

Un cube utilitaire

Soucieux de résoudre les problèmes liés au manque cruel de rangements dans les petits logements, l'artiste et designer suisse Till Könneker a conçu cet imposant module, le Living Cube, pour son propre appartement d'une pièce. Le bloc construit en contreplaqué d'épicéa trois plis, entièrement peint en noir,

englobe de nombreuses étagères pour livres, disques et bibelots, une penderie, une niche pour la télévision et un vaste espace de rangement central pouvant accueillir divers objets, dont chaises pliantes et aspirateur. Sur le plateau supérieur, accessible par une élégante échelle tubulaire en acier, le créateur suisse a installé un confortable espace de couchage. Le module est aujourd'hui disponible en différentes dimensions, pour autant de variantes du concept original, de façon à répondre aux diverses contraintes d'usage et d'espace. Une version plus étroite, sans espace de couchage, est également commercialisée.

Appartement dépliable

En rénovant cet appartement
new-yorkais de 39 m² situé dans
Manhattan, l'agence d'architecture
MKCA a imaginé un bloc modulaire
d'emprise rectangulaire présidant
aux diverses fonctions du logement.
Ce concept a permis de laisser
libre une grande partie de l'espace
et de donner au lieu un petit air de
loft. L'imposant module, habillé
d'un élégant bleu satiné et placé
le long de l'un des murs, englobe
des rangements pour la cuisine,
un lit escamotable, une penderie,
un coin bureau et une petite
bibliothèque. Au moyen d'éléments
pivotants et coulissants, il permet
de créer divers espaces de vie en
fonction des besoins du moment,
par exemple la réception d'invités.

Plusieurs panneaux secondaires masquent ou révèlent des claustras
métalliques pour moduler le degré d'intimité de l'espace de couchage.
Lorsqu'il est pleinement déployé, le panneau qui masque le lit escamotable
définit un petit espace de travail, ou bien, à l'aide d'un canapé convertible,
une plaisante chambre d'amis pour une personne de passage.

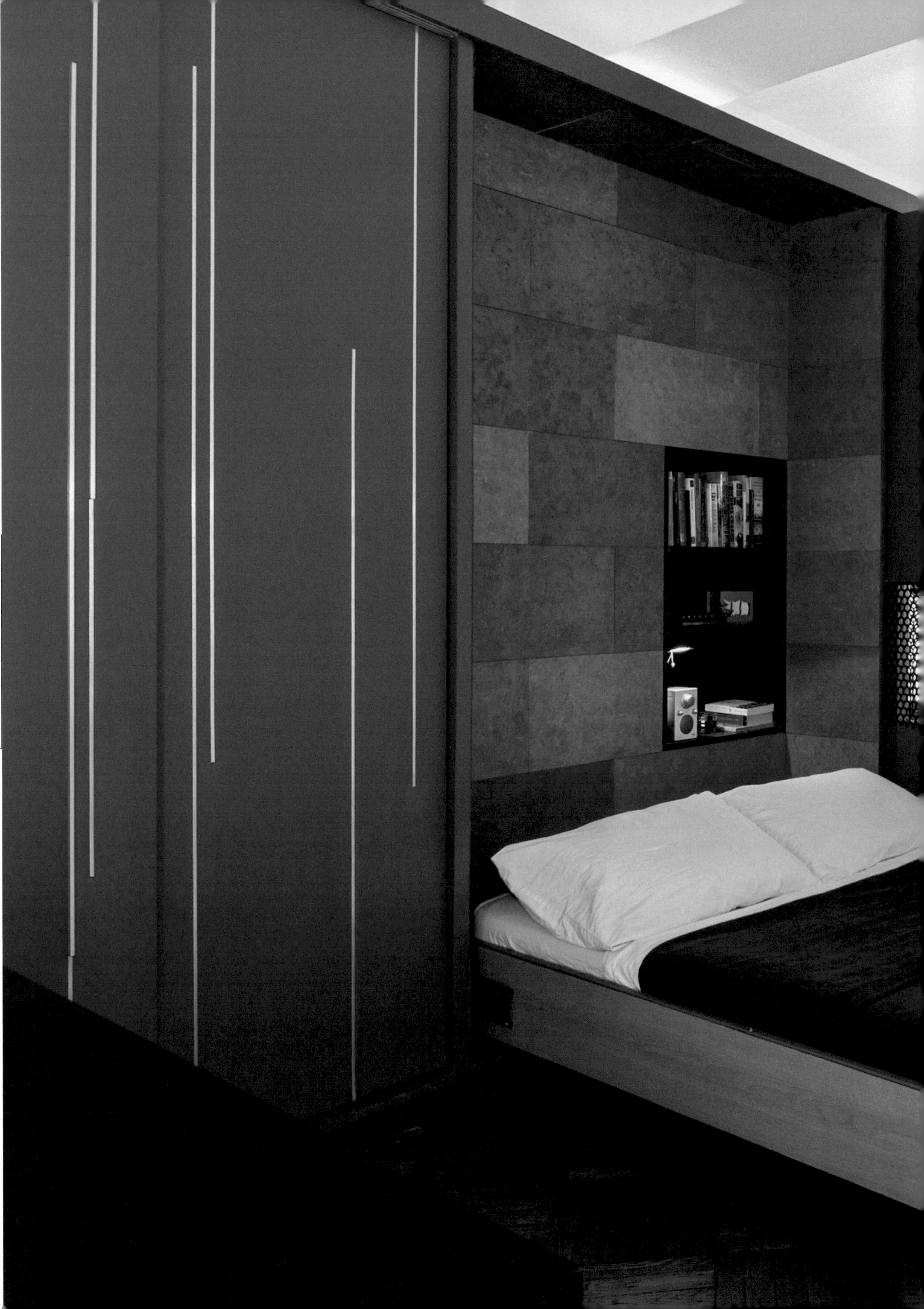

Un caisson
habillé de noir

Dans cet appartement de 55 m² situé à Barcelone, les architectes
de l'agence catalane R̲Ä̲S̲ ont choisi de démolir les partitions existantes
et d'implanter un module compact pour définir les différents lieux de
vie. Le caisson, qui sépare l'espace jour de l'espace nuit, a une fonction
essentiellement utilitaire, puisqu'il abrite les éléments d'une cuisine
ouverte, une douche et des toilettes, un coin lavabo, un dressing et
de nombreux rangements. Sa couleur dominante noire tranche
volontairement avec le blanc des murs existants en même temps
qu'elle se marie agréablement avec les éléments en bois clair inclus
dans la construction, parmi
lesquels les étagères et le
plan de travail de la cuisine.
Trois panneaux coulissants
permettent d'isoler totalement
la chambre ou le lieu de vie
principal, au gré des besoins.

Cette page: **ce chalet en bois est positionné dans la chambre comme une maison dans un jardin.** En bas à droite: **la maison est revêtue de bois, ce qui crée un espace confortable dans la chambre à coucher.**

« Une chambre sur jardin »

Cette chambre d'hôtel originale imaginée par l'architecte danois Sigurd Larsen illustre le concept d'une maison dans une maison. Elle fait partie de quatre suites individualisées proposées par l'hôtel Michelberger à Berlin. L'espace de couchage, intégré dans un volume indépendant évoquant un chalet, est habillé de bois clair pour une ambiance chaude et confortable. Le volume abrite aussi des toilettes, un sauna, une kitchenette et un couchage supplémentaire installé en mezzanine. À l'extérieur de ce chalet onirique, dans un jardin figuratif, ont été installés une salle de bains avec douche à l'italienne, une baignoire/piscine et un agréable coin salon. Les fenêtres de la cabane sont closes par des volets pour en assurer l'intimité. L'architecte explique : « Les références à l'univers des maisons de poupées réveillent l'enfant qui sommeille en nous, mais les lignes épurées du volume intérieur servent à ancrer le concept dans l'esprit cartésien des adultes. »

En boîtes !

Lieu _____ New York, États-Unis
Nombre d'occupants _____ 5
Superficie _____ 61 m²

Un petit budget et beaucoup de créativité ont donné naissance à cette expérience d'habitat communautaire dans un loft industriel de Brooklyn.

Depuis son agence installée à Brooklyn, Serban Ionescu déclare : « À New York, l'espace est une monnaie à part entière. » L'artiste et architecte roumain est à l'origine, avec deux de ses amis, d'une expérience d'habitat communautaire intitulée *The Miner and a Major*.

Serban Ionescu, Jim Dreitlein et Justin Smith se sont rencontrés durant leurs études d'architecture au Pratt Institute, à New York, et ont rapidement découvert qu'ils avaient des convictions communes. Les trois étudiants collaboraient depuis un an sur des projets artistiques et architecturaux lorsqu'ils se mirent en quête d'un logement communautaire pour eux-mêmes et six de leurs amis dans l'arrondissement de Brooklyn, réputé pour son énergie positive et ses loyers moins onéreux.

Faute de trouver un lieu adapté, le groupe se scinda mais, quelques mois plus tard, les trois compères et leur ami Narek Gevorgian dénichèrent un entrepôt de 150 m² en rez-de-chaussée répondant à leurs contraintes financières. Le loft était situé dans le nord de Brooklyn, à proximité des quartiers de Greenpoint et de Williamsburg, au cœur d'un secteur connaissant, depuis quelques années, une gentrification galopante en même temps qu'une rapide augmentation du coût du logement.

« Nous sommes arrivés juste au bon moment, explique Ionescu. On était en 2009 et la récession battait son plein. Nous travaillions tous dans des agences d'architecture et nous nous attendions à être licenciés à tout moment. Cela pesait sur notre moral et nous voulions faire quelque chose en commun. » Les futurs colocataires réfléchirent sur la meilleure façon d'organiser leur expérience et un cinquième larron, Erik Juron, vint s'ajouter au groupe. Habitués à travailler ensemble, Ionescu, Dreitlein et Smith décidèrent de prendre en charge la rénovation en s'appuyant sur leur vision créative et leurs connaissances techniques.

« Nous avions tous habité dans des petits appartements auparavant, continue Ionescu. Nous voulions être en charge de l'espace et pouvoir adapter ce dernier à nos besoins spécifiques. La volonté de concevoir et construire notre propre environnement était vraiment quelque chose que nous avions en commun. »

Ci-dessus: le projet
a pris forme à travers
un processus organique
mêlant conception
et construction. Il est
resté cinq mois au centre
des préoccupations
des trois principaux
créateurs.

Le trio commença à travailler sur le projet durant son temps libre en dessinant des croquis sur les nappes des restaurants. « Nous voulions trouver les meilleures idées pour optimiser cet espace, poursuit Ionescu. La solution retenue fut de construire cinq unités liées entre elles, mais séparées des murs du loft, en adoptant une totale liberté de conception. » Avant toute chose, il s'agissait de prendre du plaisir avec ce projet. « Nous souhaitions traduire notre plaisir d'être ensemble », explique encore Ionescu.

Le nom choisi pour le projet, *The Miner and a Major*, fait référence à la riche histoire maritime de ce quartier new-yorkais. « Cela nous a donné l'idée d'une structure non reliée aux murs, comme un navire sur l'océan », continue Ionescu. L'architecte précise que le trio a tiré une partie de son inspiration du travail de l'artiste, architecte et théoricien américain John Hejduk, du courant situationniste des années 1960 et des croquis de certaines machines de guerre antiques. Le projet prit forme graduellement à travers un processus organique mêlant la conception et la construction. Ionescu remarque : « Nous nous sommes lancés dans cette

« Avoir le contrôle de l'espace autour de nous plutôt que l'inverse était indispensable pour nous. »

aventure sans vraiment savoir ce qu'il y avait au bout du chemin. Nous pensions que le projet s'imposerait naturellement à nous, plutôt que l'inverse. » Le groupe avait estimé le temps de travail à quelques semaines, mais cinq longs mois furent nécessaires pour en achever la réalisation.

Les cinq colocataires emménagèrent dès le début, dormant sur des matelas à même le sol, entourés de cartons contenant leurs affaires. Cette précarité les poussa à terminer le projet le plus rapidement possible. « Le fait de dormir à côté de la structure nous rappelait constamment la quantité de travail restant à fournir », ajoute Ionescu. Bientôt, le projet devint le point central de leur quotidien. « À peu près au début des travaux, nous avons perdu notre travail les uns après les autres

« Pour les couleurs, nous avons fait beaucoup d'essais et d'erreurs ! », ajoute Ionescu.

Les structures ont été construites collectivement et attribuées en fonction des souhaits de chacun à la fin du processus. Les espaces communs, incluant une cuisine ouverte, une douche, des toilettes, un vaste lieu de vie, une bibliothèque, un espace de travail et de nombreux espaces de rangement, s'étirent autour de la structure centrale. « Au début, une grande partie de l'espace de travail commun est devenue notre agence, mais nous avons rapidement manqué de place, explique Ionescu. L'aménagement de la partie commune a constamment évolué au cours du projet et c'est ce que nous souhaitions. »

Il existait au départ une volonté d'utiliser des éléments de récupération, mais la plupart des matériaux de construction ont été achetés neufs, pour une enveloppe globale d'environ 4 000 dollars. La main-d'œuvre a été fournie gracieusement par nombre d'amis et de collègues de travail. Les fenêtres ont été façonnées en utilisant des échantillons de vitrage fournis par des fabricants et une société spécialisée dans l'éclairage domestique a fait don d'un ensemble de luminaires. Après six années de cette expérience communautaire, Ionescu a déménagé, mais il continue aujourd'hui de fréquenter ses anciens colocataires et leurs amis. Selon l'architecte d'origine roumaine, ces six années et tout le temps qu'il a consacré à la réalisation du projet lui ont permis d'apprendre beaucoup sur lui-même et sur le travail en équipe. « J'avais 25 ans quand j'ai posé mon matelas dans le loft et 31 ans quand j'en suis parti. Ce sont des années très formatrices et cette structure a servi de cocon à mon évolution. Je suis entré dans ce lieu en rêvant d'architecture et je l'ai quitté en rêvant de peindre et de réaliser des films », indique Ionescu.

Il conclut : « Dans une collaboration, il est nécessaire d'oublier son ego. Le projet devient l'élément central. J'ai appris à faire confiance aux autres. Avoir réussi à vivre plusieurs années avec les quatre mêmes personnes montre qu'un projet éloigné de la norme peut fonctionner et accompagner l'évolution de chacun. Un tel choix vous rend plus fort et vous permet de mieux vous connaître. »

du fait de la récession, précise Ionescu. Nous avions le lieu et nos engagements mutuels. Le collectif était indéfectible et la seule incertitude concernait l'aspect financier. Nombre de nos amis sont venus nous aider durant la construction et nous avions l'impression de vivre dans un univers à part. Je ne me souviens de rien d'autre de ma vie durant cette période. Je pense que la joie et l'amour partagés durant la phase de réalisation ont donné son énergie à la structure finale. »

Les cinq unités privatives, toutes de formes différentes, sont imbriquées entre elles comme un puzzle en trois dimensions. Sur environ 12 m², chacune englobe des équipements de base : un lit, un bureau et un espace de rangement. Du fait de la proximité entre les éléments, l'isolation phonique a été l'une des principales préoccupations : en plus de placer une couche d'isolant à l'intérieur des parois en bois, l'équipe a disposé les unités de façon à limiter la propagation des sons et des vibrations. La ventilation est assurée par des ouvertures asymétriques et la plupart des fenêtres sont orientées au sud, de façon à profiter de la lumière naturelle dispensée par les larges baies vitrées de l'entrepôt.

Escaliers

La fonction première d'un ensemble de marches est de relier deux niveaux, mais un tel aménagement occupe souvent une place non négligeable.
Lorsqu'il s'agit d'installer un escalier dans un logement de faible superficie, il est judicieux de lui conférer un usage annexe: les marches peuvent se transformer en étagères ou abriter des tiroirs de rangement. En dernier recours, il est toujours possible de remplacer l'escalier par une échelle de meunier, moins gourmande en espace.

Garage à bicyclettes

Dans cette maison écodurable conçue par l'agence américaine Interface Studio Architects (ISA), il a été nécessaire d'imaginer des solutions de rangements innovantes. De façon habile, l'intrados de l'élégant escalier droit en bois sert de support pour l'accrochage de deux bicyclettes.

Marches et boîtes de rangement

Pour aménager ce loft situé à Brooklyn, l'agence SABO Project a imaginé une composition mêlant un escalier d'accès à une mezzanine, un ensemble de rangements et un espace de travail. Plusieurs boîtes de rangement disposées de façon aléatoire délimitent un coin bureau tout en épousant la géométrie des marches situées en arrière-plan.

Rangements à gogo

Dans ce logement de Koriyama, au Japon, l'architecte nippon Kotaro Anzai s'est inspiré de techniques de travail du bois ancestrales pour concevoir un escalier abritant une multitude de placards miniatures et de tiroirs. L'ensemble conçu en frêne et en contreplaqué de pin offre de nombreuses possibilités de rangements. Les poignées numérotées, pour une organisation sans faille, traduisent la minutie du projet.

Escalier industriel

L'*Objet élevé* a été conçu par l'agence néerlandaise <u>Studio Mieke Meijer</u> dans un souci d'optimisation de l'espace. L'installation englobe un escalier, un coin bureau, des rangements et des étagères pour l'exposition de bibelots. Pour créer cette forme mêlant une structure en acier peinte en noir et des éléments en chêne clair, l'architecte s'est inspiré des photographies de bâtiments industriels réalisées par les artistes allemands Bernd et Hilla Becher.

Marches
en biais

Les architectes et designers
suédois Gabriella Gustafson
et Mattias Ståhlbom,
créateurs de l'agence TAF,
ont conçu cet escalier peu
ordinaire dans un espace
trop réduit pour accueillir
des marches traditionnelles.
Plusieurs caissons en pin
ont été empilés pour créer
cette construction tenant
à la fois de l'escalier
et de l'échelle, qui permet
d'accéder à un grenier.

Rangements à la volée

Cet escalier droit tenant également lieu de bibliothèque a été imaginé par l'agence d'architecture polonaise <u>3XA</u> dans le cadre de la rénovation d'un appartement de 29 m². L'escalier mène à un espace de couchage habilement aménagé au sein d'une niche en mezzanine, tandis que la bibliothèque s'ouvre sur le lieu de vie principal pour d'utiles espaces de rangement.

L'escalier intégré dans une bibliothèque

Cette rénovation d'une villa des années 1960 située à Marina di Castagneto Carducci, au cœur des forêts de pins toscanes, inclut un escalier habilement intégré à un ensemble de rangements. L'installation, conçue par l'agence d'architecture italienne <u>Sundaymorning</u>, tire parti avec élégance des tons chaleureux du bois de teck.

L'escalier à double emploi

L'agence d'architecture L'Atelier Miel a imaginé cet élégant escalier / rangement dans un appartement de 45 m² à Bordeaux. La construction englobe un placard, plusieurs casiers ouverts et un haut tiroir abritant un râtelier à chaussures.

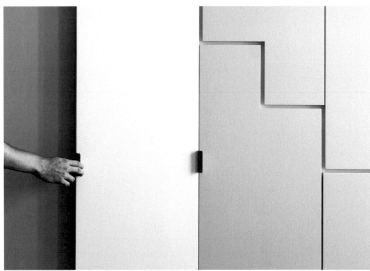

Placards sous un escalier

Pour la rénovation de cet appartement situé dans Brooklyn, à New York, l'atelier d'architecture intérieure américain Workstead a imaginé un décor d'inspiration moderniste. La plupart des rangements associés aux activités culinaires ont été aménagés sous l'escalier. De façon habile, la partie haute des placards épouse le dessin des marches et les placards eux-mêmes semblent se prolonger pour former une élégante rampe. Les charnières en cuivre doré ajoutent à l'esthétisme raffiné de l'ensemble.

L'escalier comme axe de composition

João Mendes Ribeiro a réinterprété la typologie d'une maison unifamiliale traditionnelle pour sa villa Fonte Boa, bâtie au milieu de terres agricoles au sud de Coimbra, au Portugal. Afin d'affirmer l'axe de composition principal du projet, l'architecte portugais a implanté un caisson longitudinal incluant l'unique escalier et de nombreux rangements. Au rez-de-chaussée, le volume imposant du module en bois permet de séparer le salon de la salle à manger.

Un escalier
en lames d'acier

Pour cette rénovation d'un studio de 21 m² dans un immeuble berlinois
du début du XXᵉ siècle, l'architecte Paola Bagna (ex-Spamroom) et le
designer John Paul Coss ont mis en scène un escalier construit en
lames d'acier de 5 mm et supporté par l'un des murs de structure. La
première marche métallique, qui semble flotter au-dessus du sol, est
accessible grâce à un caisson en bois escamotable pouvant être rangé
en partie basse d'un ensemble de rangements. La rampe tubulaire
ajoute une dimension minimaliste à la construction.

Escaliers verticaux

Un vaste loft situé à San Diego, en Californie, et resté longtemps vacant, a été converti en plusieurs unités bureau / habitation par l'architecte et promoteur d'origine mexicaine Hector M. Perez. Pour gagner une place précieuse, Perez a choisi d'utiliser des échelles de meunier en bois agrémentées d'une rampe en acier tubulaire noir. Ci-contre, l'un de ces équipements permet d'accéder à une mezzanine qui peut être utilisée comme chambre ou comme espace de travail.

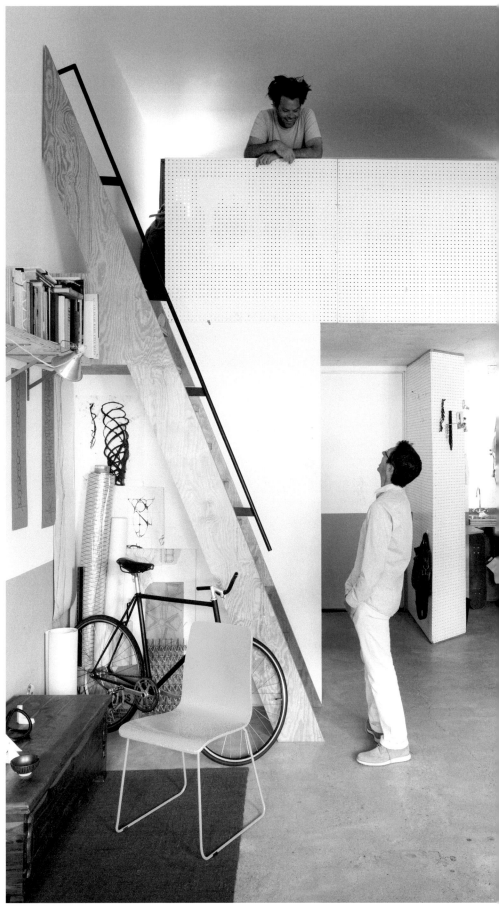

Bloc-escalier
sur mesure

L'aménagement d'un appartement de 40 m² à Prague a été l'occasion, pour l'atelier tchèque <u>Mooza Architecture</u>, d'implanter un astucieux bloc-escalier en bois naturel englobant des placards pour la cuisine, un espace pour la machine à laver, et divers rangements. La construction se prolonge dans la cuisine pour abriter l'ensemble réfrigérateur / congélateur.

Marches rouges

Cette transformation d'un duplex en maison de ville unifamiliale dans le quartier de Villeray à Montréal est l'œuvre de l'atelier d'architecture québécoise La SHED. Dans le haut volume dédié au lieu de vie principal, une paroi de fines lattes de bois à claire-voie dissimule la volée principale d'un escalier peint en rouge vif. De graciles étagères en lame d'acier sont intégrées à la construction pour le rangement de livres et l'exposition de divers bibelots. L'accent vermillon crée un contraste bienvenu avec les tons neutres du décor tout en marquant l'espace d'une énergie positive.

L'escalier porte-bouteilles

Dans cette maison de ville de 154 m², située à Melbourne et rénovée par l'agence australienne Dan Gayfer Design, l'espace libre sous l'escalier a été utilisé pour l'aménagement de placards et de casiers à bouteilles. La teinte écrue choisie pour la finition s'allie de façon plaisante avec les nuances bois des marches et du parquet. Une fine rampe métallique de couleur blanche apporte la touche finale à la construction.

Rangements

Disposer de rangements en nombre suffisant est essentiel lorsque l'on vit dans un logement exigu. Sans ce confort, il est impossible de maintenir un aspect ordonné dans l'espace habité et les tâches domestiques deviennent plus difficiles à accomplir. Les rangements ne se limitent pas aux seuls placards, tiroirs et étagères : nombre de créateurs explorent d'autres voies allant des systèmes de suspension aux estrades et plates-formes qui permettent de ranger ses effets personnels.

Étagères minimalistes

Dans ce petit appartement scandinave, l'atelier de décoration suédois Kvart Interiör a installé de simples étagères en bois supportées par des équerres métalliques. L'espace libre entre le sol et l'étagère inférieure a été adroitement utilisé pour l'entreposage de livres et de magazines.

Panneau bleu nuit

Lors de la rénovation de cet appartement moscovite de 48 m², l'agence de design polonaise Proforma a choisi d'utiliser exclusivement du contreplaqué pour compléter le béton existant. Le bois manufacturé a été utilisé pour l'habillage des sols et des murs ainsi que pour la confection des meubles. Les panneaux muraux sont percés pour accueillir des chevilles en bois qui servent de supports d'étagères ou de points d'accroche.

Un haut mur de rangements

Cette maison de ville occupe une bande parcellaire large de seulement 5 m dans le centre historique de Sant Cugat del Vallès, non loin de Barcelone. Elle a été aménagée par l'architecte catalan Josep Ferrando. Celui-ci a imaginé d'habiller l'un des murs longitudinaux d'une haute paroi en bois lamellé qui offre de multiples espaces de rangement en même temps qu'un lien visuel entre les niveaux.

Cordes et contrepoids

Dans cette maison en bande de Sydney dépourvue de garage, le studio d'architecture australien Tribe a conçu un astucieux système de suspension permettant de loger deux bicyclettes dans un étroit volume au-dessus du salon. Le simple usage de cordes et de contrepoids permet de hisser facilement les vélos en position de stockage. Le projet d'agrandissement et de rénovation a également donné à ce volume le rôle d'un puits de lumière naturelle pour éclairer le centre de l'habitation. L'ombre portée des roues et de leurs rayons sur les murs blancs de cet atrium apporte une touche esthétique très originale. En partie haute du volume, une petite ouverture carrée permet d'observer les bicyclettes depuis la salle de bains.

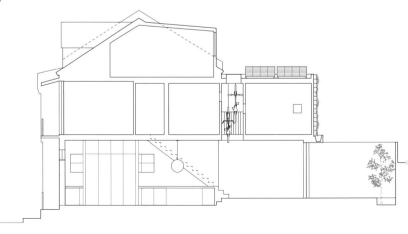

Rangements en bois d'inspiration scandinave

L'aménagement de cet appartement de 65 m² situé à proximité d'un parc de Bucarest s'approprie la sobriété et les tons clairs du style scandinave. L'architecte roumain Bogdan Ciocodeică a fait un large usage du bois pour concevoir divers espaces de rangement. Dans le bureau, vu ici, une estrade formée par quatre larges coffres de rangement juxtaposés donne accès à d'élégants placards. L'ensemble est associé à une table de travail minimaliste.

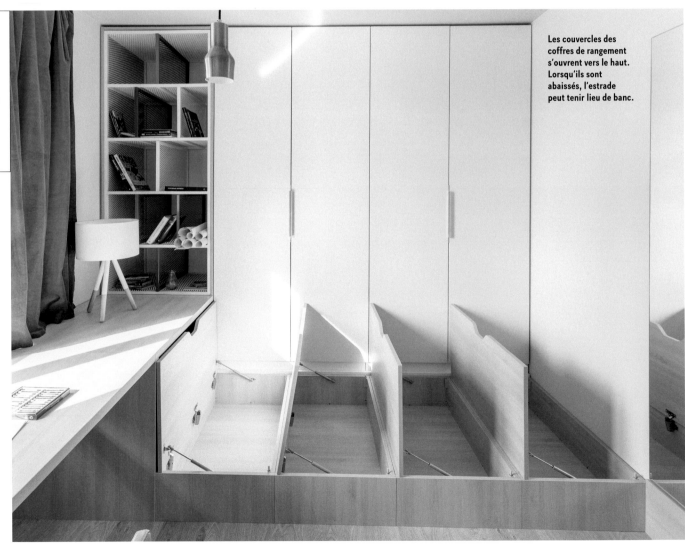

Les couvercles des coffres de rangement s'ouvrent vers le haut. Lorsqu'ils sont abaissés, l'estrade peut tenir lieu de banc.

Rangements

L'estrade intègre des caissons qui s'ouvrent à la fois verticalement et latéralement. Ils permettent de ranger les jouets des enfants, mais aussi de s'asseoir.

Un coffre à jouets malin

Pour ce projet d'extension d'une maison en bande de Melbourne, le cabinet australien <u>Austin Maynard Architects</u> a construit, dans le lieu de vie principal, un plancher surélevé qui permet de ranger les jouets des enfants. L'estrade est constituée de plusieurs caissons s'ouvrant latéralement ou verticalement. Grâce à cet aménagement, qui a évité la construction de placards traditionnels, la maison est plus aérée et semble plus spacieuse.

Étagères pour un écrivain

Ce petit appartement situé au dernier étage d'un immeuble de Prague des années 1930 a été entièrement rénové par l'agence tchèque BY Architects en respectant la principale requête du client : proposer au moins 40 m linéaires d'étagères. Les concepteurs ont choisi d'utiliser des blocs de rangements montés sur roulettes afin de rendre chaque étagère accessible au gré de ses besoins.

Un plancher surélevé

Dans cet appartement de 22 m² situé à Sydney, l'architecte australien Nicholas Gurney a construit un plancher surélevé sur la moitié de l'emprise au sol afin de gagner 11 m² d'espace de rangement. Cette astucieuse plate-forme permet de dissimuler le lit double durant la journée, ainsi que valises et autres objets encombrants.

Le tabouret boîte

Ce tabouret fait partie d'un ensemble de meubles conçu par l'agence japonaise Torafu Architects pour la société nippone Ichiro, spécialisée dans la fabrication de contreplaqués décoratifs. Sous son siège capitonné, le tabouret de forme évasée permet de ranger divers petits objets.

Construit sur mesure

Lieu _____ Tel-Aviv, Israël
Nombre d'occupants _____ 1
Superficie _____ 25 m²

**La loggia d'un appartement
moderniste de Tel-Aviv a été
intégrée à un petit atelier
d'artiste empli de trésors cachés.**

Balcons et loggias sont des lieux intermédiaires, à mi-chemin entre la sphère privée et le monde extérieur, où l'on peut aussi bien rêver en solitaire que dîner entre amis. À la différence d'un balcon, une loggia se trouve intégrée dans le volume défini par les façades. Elle offre, en conséquence, une ombre et une intimité précieuses. Le potentiel offert par un tel espace correspondait très exactement aux critères de Sylvie Ye'arit Sheftel lorsque celle-ci se mit en tête d'acheter un appartement à Tel-Aviv. « La raison pour laquelle j'ai acquis ce logement a été la possibilité d'y créer un espace réservé à mon travail d'artiste », explique-t-elle.

Sylvie Ye'arit Sheffel, qui exerce principalement dans la photographie d'art, était à la recherche d'un appartement dans lequel elle aurait la possibilité d'aménager un atelier dédié à son activité, ainsi qu'à sa collection personnelle d'œuvres d'art. Le logement retenu, un trois-pièces de 80 m², était nettement plus spacieux que son précédent appartement qui ne comportait qu'une seule chambre. De plus, et c'était le plus important, ce nouvel espace atypique se prêtait parfaitement à une complète rénovation.

Le trois-pièces se situe au rez-de-chaussée de l'un des quatre immeubles d'un ensemble résidentiel s'élevant dans le centre de Tel-Aviv, à proximité du Musée d'art, du Tel-Aviv Performing Arts Center et du théâtre Cameri. L'ensemble a été conçu dans les années 1950 par l'architecte israélien Dov Karmi, l'un des principaux acteurs du mouvement moderne en Israël. Cette partie centrale de Tel-Aviv abrite plus de 4 000 édifices inspirés par le Bauhaus,

reconnaissables à leurs façades en béton blanc. Ils forment la Ville blanche, qui a été inscrite au patrimoine mondial de l'Unesco en 2003.

À l'origine, la loggia de l'appartement de la photographe permettait de profiter de la fraîcheur marine lors des chaudes nuits d'été mais, au cours de ses quelque soixante années d'existence, elle a été dévolue à des usages divers et variés par ses propriétaires successifs. Au moment de l'acquisition,

Ci-dessus : l'ensemble de rangements toute hauteur inclut trente-six tiroirs et compartiments, un panneau coulissant plurifonctionnel et un lit escamotable pour l'accueil d'un invité de passage.

l'espace était entièrement séparé de l'appartement par un mur percé d'une fenêtre. La cuisine qui lui était associée sur les plans de l'architecte avait disparu, laissant place à une chambre à coucher.

Ci-dessus : le panneau coulissant qui dissimule le lit escamotable est percé de trous circulaires pour l'accueil de chevilles de support servant à l'accrochage de livres, de cadres ou de petits bibelots.
Page opposée : les architectes ont fait un inventaire précis des objets associés à l'activité de leur cliente et en ont déduit quatre proportions distinctes à partir desquelles ont été conçus les casiers, placards et tiroirs. Un code de couleur a permis de répartir ces espaces de rangement en fonction des priorités de l'artiste.

analysé mes besoins avec beaucoup de patience et ils ont approché ce travail avec autant de discipline que d'enthousiasme. Leur intérêt pour le projet était palpable. C'était un peu comme si nous donnions naissance ensemble à une œuvre d'art. »

Après avoir démoli le mur condamnant la loggia, les architectes ont installé de hautes baies vitrées sur ses deux côtés ouverts afin de rétablir la vue sur le jardin intérieur de la résidence, agréablement planté de fleurs et d'arbres fruitiers. Les baies à double vitrage, gages d'une isolation thermique efficace, et qui peuvent être ouvertes pour faciliter l'aération, sont obturées par de fins rideaux en mousseline qui préservent l'intimité du lieu. Les concepteurs ont fait le choix de supprimer la porte existante, mais l'atelier demeure nettement séparé du reste de l'appartement.

Du fait de l'exiguïté de l'espace, il a été nécessaire d'exploiter sa verticalité. Les deux architectes ont conçu un ensemble de rangements toute hauteur incluant trente-six tiroirs et casiers, un panneau plurifonctionnel et un lit une place escamotable.

Pour cela, ils ont d'abord mesuré avec soin tous les objets, outils et matériels associés à l'activité de leur cliente, ce qui leur a permis d'identifier quatre proportions distinctes. Les espaces de rangement du projet ont été créés selon ces dimensions, puis disposés au sein de l'atelier en fonction des priorités de l'artiste et de la fréquence d'usage des entités qu'ils devaient abriter. Pour faciliter l'organisation de l'ensemble, une couleur pastel, appliquée à l'intérieur des rangements, a été attribuée à chaque catégorie d'objets.

Le concept adopté a permis d'optimiser l'espace disponible en même temps que la fonctionnalité des éléments du projet. Pour les besoins d'une séance de travail, chaque tiroir peut être sorti de son logement et posé sur la table munie de roulettes installée devant les baies vitrées. Le lit une place escamotable, destiné à l'accueil d'un invité de passage, se trouve adroitement dissimulé derrière un panneau coulissant faisant double emploi : il est percé de trous circulaires pour l'accueil de chevilles de bois servant à l'accrochage de livres, de cadres ou de petits bibelots. Un petit bureau portant un ordinateur vient s'appuyer sur la paroi opposée, laissée libre d'aménagement.

Sheftel ne connaissait pas le travail de Raanan Stern, mais elle avait visité l'appartement que l'architecte avait rénové pour lui-même dans l'immeuble où elle habitait et avait été conquise. « J'ai eu raison d'écouter mon instinct : tout a parfaitement fonctionné », commente-t-elle.

Au cours des mois suivants, Stern et son associé Shany Tal, fondateurs de l'agence Rust Architects, ont collaboré avec l'artiste pour transformer l'espace de 18 m² jouxtant la loggia en un atelier construit sur mesure où chaque chose a trouvé sa place. « Le processus a été à la fois intense et stimulant, explique Sheftel. Raanan et Shany ont

« La seule raison de mon acquisition a été la possibilité d'aménager un atelier d'artiste. »

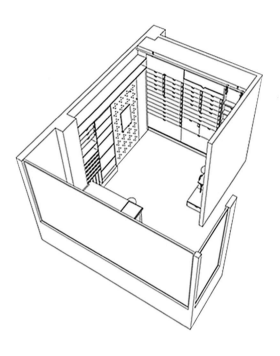

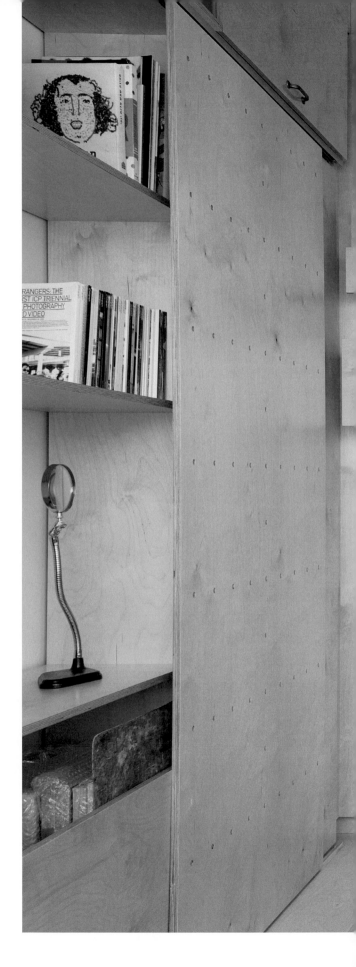

Le choix du bois comme matériau dominant du projet contribue à l'impression de douceur et de légèreté. Les éléments en bouleau utilisés pour la plupart des tiroirs et compartiments ont été revêtus d'un vernis clair qui met en valeur leur grain naturel. Le parquet à larges lames de même essence apporte une cohérence bienvenue, tandis que les accents blancs et vert pastel du mobilier complètent joliment la palette chromatique de l'aménagement.

De toutes les pièces de l'appartement, c'est son atelier que Sheftel préfère. Elle passe la plus grande partie de ses journées dans ce lieu qui favorise sa concentration et sa créativité. Il lui est arrivé d'y recevoir des amis ou des collectionneurs et elle a noté, en ces occasions, qu'il pouvait accueillir confortablement cinq personnes. Depuis sa table de travail, qui fait face aux baies vitrées, la photographe tire son inspiration des images et des sons diffus de l'extérieur. Elle s'en sert pour choisir les délicats matériaux organiques entreposés dans son atelier et incorporés, à terme, dans ses œuvres. « L'impression de beauté qui se dégage de ce lieu me fascine, explique Sheftel. Sa précieuse tranquillité résulte d'une parfaite interaction entre l'intérieur et l'extérieur. »

Entrées

Première partie visible d'une habitation, l'entrée donne des indications sur le style d'aménagement choisi par l'architecte d'intérieur ou le décorateur. Dans un logement urbain, entrées et couloirs sont bien souvent des lieux sacrifiés, où l'on dépose pêle-mêle chaussures et manteau en arrivant de l'extérieur. Pourtant, ces espaces ont une richesse propre. Ils peuvent être utilisés pour abriter d'astucieux rangements ou pour accueillir un petit espace de travail occasionnel.

Un couloir lumineux

L'atelier de décoration suédois Kvart Interiör a créé ce lumineux couloir pour un appartement de Stockholm. D'un côté, les placards toute hauteur offrent de nombreux rangements, et de l'autre, le mur laissé libre permet de placer une console ou des étagères.

Écritoire étagère

Le designer britannique Daniel Schofield a conçu cette écritoire en forme d'étagère avec l'idée d'optimiser l'espace dans les lieux les plus exigus. Il se présente comme une étagère traditionnelle, mais révèle, une fois déployé, une série de rangements pour entreposer du papier à lettres et divers ustensiles. Avec ses dimensions de 36×120 cm en position fermée, cet objet trouve facilement sa place dans une petite entrée.

Chevilles de support

Cet appartement de Moscou aménagé par l'agence de
design polonaise Proforma associe le béton brut et le
bois. Dans l'entrée, un panneau en contreplaqué bleu
nuit est percé d'une série de trous circulaires destinés
à accueillir des chevilles de bois pour un usage
plurifonctionnel. Étagères, casiers, cintres suspendus
sont quelques-unes des options possibles.

Une entrée intégrée au lieu de vie principal

Cette rénovation d'une maison de ville située à Melbourne met l'accent sur la fonctionnalité et la polyvalence des espaces.
Pour cette maison en bande large de seulement 5 m, l'agence australienne Dan Gayfer Design a privilégié une interaction
entre tous les espaces communs du logement par l'utilisation habile d'éléments en bois clair. Ici, une haute paroi
en bois intégrant une bibliothèque permet de lier harmonieusement le couloir d'entrée au lieu de vie principal.

Un appartement des années 1930

Lors de l'aménagement de cet appartement situé à Wiesbaden, dans un bâtiment des années 1930, l'atelier d'architecture allemand Studio Oink, basé à Leipzig, a choisi l'alliance du bois clair et du blanc. Une paroi de rangements toute hauteur modifie l'échelle du couloir d'entrée, où un banc façonné à l'aide de vieilles lames de plancher permet de s'asseoir ou d'exposer divers objets et bibelots.

Parois incurvées

Le studio tchèque BY Architects a entrepris la rénovation d'un appartement de 78 m² à Prague pour un usage familial. Un module utilitaire ovale, incluant la cuisine, la salle de bains et un vaste dressing, a été placé au centre de l'espace. Du côté du salon, la paroi en arc de cercle apporte une chaleureuse élégance en même temps qu'une touche d'originalité. Les formes arrondies ont été reprises pour un miroir et une étagère.

Une ambiance contrastée

Dans cette étroite maison en bande du centre historique de Sant Cugat del Vallès rénovée par l'architecte catalan Josep Ferrando, les aménagements en bois lamellé contrastent de façon tranchée avec les murs en parpaings apparents.

Une cage de verre

Pour sa villa Fonte Boa, au sud de Coimbra, l'architecte portugais João Mendes Ribeiro a imaginé une entrée figurée par un volume entièrement en verre. La transparence des parois induit une intégration visuelle de cet espace dans le lieu de vie incluant la salle à manger et une agréable cuisine ouverte.

À faire soi-même

Cet appartement de Stockholm était en cours de rénovation lorsque son propriétaire a abandonné les travaux durant les années 1980. L'architecte suédoise Karin Matz a décidé de conserver certains des murs en l'état, y compris leurs papiers peints partiellement déchirés, pour créer un contraste avec la modernité des nouveaux équipements. Ce panneau de contreplaqué doté de crochets est un aménagement peu onéreux et facile à réaliser dans un appartement où l'on ne peut pas percer les murs.

Coins travail

Aujourd'hui, les modes de travail sont en constante évolution. Grâce aux avancées technologiques et à l'évolution des mentalités, de plus en plus d'individus choisissent de travailler depuis leur domicile. Les ordinateurs prennent de moins en moins de place et l'usage d'un appareil portable est devenu la norme. Les espaces professionnels doivent répondre à cette mutation irréversible. Dans un logement exigu, un imposant bureau peut être avantageusement remplacé par une table de travail escamotable, libérant ainsi l'espace pour d'autres activités du quotidien.

Un bureau tout-en-un

Ce bureau plurifonctionnel fait partie d'une série de meubles conçue par l'agence japonaise Torafu Architects pour le fabricant de contreplaqués nippon Ichiro. Crochets, étagères, éclairage intégré, plantes vertes et horloge murale sont quelques-uns des luxes offerts par ce meuble entièrement personnalisable qui convient aux petits comme aux grands.

Pour une fille au pair

L'architecte suisse Aurélie Monet Kasisi a imaginé divers éléments en contreplaqué pour son projet d'aménagement d'une maison familiale située à Genève. Dans la chambre de la jeune fille au pair, les panneaux d'habillage englobent une petite table de travail escamotable associée à une étagère.

Un secrétaire mural

Ce meuble-étagère mural habillé de noir, conçu par l'agence danoise <u>Norm Architects</u>, se transforme en élégant secrétaire lorsque sa tablette repliable est déployée. Une corbeille à papier stylée et un siège minimaliste facilement déplacé assurent tout le confort nécessaire pour un usage ponctuel.

Un bureau derrière un écran coulissant

Dans ce micro-appartement ultra-fonctionnel de Manhattan imaginé par l'agence d'architecture new-yorkaise <u>MKCA</u>, un module mobile guidé par un rail définit les lieux de vie au gré des besoins de l'occupant. Durant la journée, la position fermée du module révèle un confortable espace de travail intégré à un ensemble de rangements. La nuit, ce coin travail est masqué par le module, qui est entièrement déplacé pour permettre l'abaissement d'un lit double escamotable.

Un bureau en alcôve

Les plus vastes des chambres « lofts » dessinées par l'agence néerlandaise <u>Concrete</u> pour l'hôtel Zoku, dans le centre d'Amsterdam, englobent un coin travail aménagé sous l'espace de couchage situé en mezzanine. Ces chambres ont été conçues comme autant de petits appartements, avec un large espace alloué au lieu de vie principal.

Une tablette pour un écrivain

Cet appartement d'écrivain, aménagé à Prague par l'agence tchèque BY Architects, englobe plus de 40 m linéaires d'étagères. Parmi ces rangements, les architectes ont aménagé un coin travail au sein d'un compartiment clos par une tablette repliable. En position fermée, la tablette dissimule entièrement l'espace et libère la pièce pour d'autres activités.

Bureau boîte

Dans cet appartement neuf de Ljubljana aménagé par l'agence slovène Arhitektura-d.o.o, tous les éléments utilitaires, y compris cette large boîte murale en bois incluant deux étagères et un plan de travail, ont été disposés contre les deux murs longitudinaux. Sous la construction en bois, deux portillons s'ouvrent en biais pour fournir un espace pour s'asseoir.

Un coin bureau aéré

La rénovation / extension d'une maison de Melbourne par le cabinet australien Austin Maynard Architects a été guidée par la création de rangements pour les nombreux jouets de jeunes enfants. Depuis l'agréable coin bureau, situé dans la maison d'origine, on aperçoit la cuisine et le lieu de vie principal abrités par l'extension.

Un coin lecture dans la Maison de l'Écriture

À Coimbra, l'architecte portugais João Mendes Ribeiro a transformé l'ancienne demeure du poète João Cochofel en un lieu moderne sans nuire à son atmosphère initiale. La Maison de l'Écriture englobe une bibliothèque, un espace événementiel et des logements pour écrivains. Ici, les rayonnages en bois ménagent un coin lecture près d'une fenêtre.

Travail en mezzanine

L'architecte d'origine mexicaine <u>Hector M. Perez</u> a construit huit unités
bureau / habitation sur un terrain vacant du quartier Logan à San Diego.
En dépit de leur faible superficie, les unités possèdent chacune une terrasse
extérieure, de larges baies vitrées et un lieu de vie à double hauteur
de plafond. Dans cette unité, les occupants profitent d'un vaste
espace de travail aménagé en mezzanine.

Un bureau sous le toit

À Saint-Sébastien, en Espagne, dans une maison des années 1950 divisée en lots, l'atelier basque Pura Arquitectura a transformé un appartement étriqué de 40 m² en un espace ouvert et lumineux englobant le volume du toit. Une mezzanine de 12,5 m² définit un agréable espace de travail qui peut être converti, au besoin, en chambre d'ami.

Maison-loft

Lieu	**Landskrona, Suède**
Nombre d'occupants	**1**
Superficie	**125 m²**

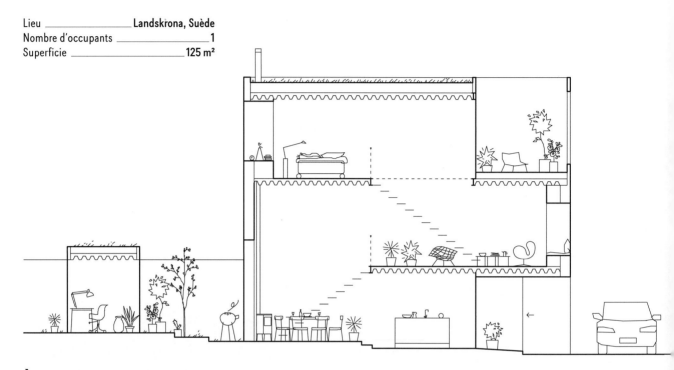

À Landskrona, en Suède, cette maison moderne et minimaliste tire habilement parti de sa petite surface au sol.

Lors de la construction d'un édifice au sein d'un tissu homogène, on peut choisir l'intégration ou le contraste. En suivant les suggestions de l'agence d'architecture suédoise Elding Oscarson, Johnny Lökaas et Conny Ahlgren ont opté pour la seconde solution. Lökaas et Ahlgren partageaient un appartement à Helsingborg depuis plusieurs années, mais ils avaient besoin d'un changement de décor. L'opportunité leur fut offerte à Landskrona, un bourg côtier voisin où Ahlgren avait acquis une maison quelque temps auparavant.

La maison de deux étages s'élevait à l'extrémité d'une parcelle longue et étroite qui s'étirait en un jardin de fleurs sauvages et d'arbres fruitiers jusqu'à la rue suivante. Une seconde maison implantée à cette extrémité avait été démolie en 1943 et n'avait jamais été remplacée. Les deux hommes s'étaient renseignés sur la possibilité de construire,

mais sans jamais s'engager sur un projet concret. La décision d'agir fut prise lorsque le couple reçut une requête d'un voisin souhaitant acquérir un morceau du terrain afin d'ouvrir un accès à son jardin depuis la rue.

Lökaas contacta l'architecte Johan Oscarson, avec lequel il avait travaillé par le passé. « Lorsque je l'ai appelé, il venait de se mettre à son compte et était sur le point de s'associer avec Jonas Elding, qui avait travaillé huit ans au Japon pour l'agence d'architecture SANAA, explique Lökaas. Ce projet devait être leur premier en commun. Je connaissais un peu le travail de SANAA et je me doutais que le résultat allait être excellent. »

En choisissant une approche radicale, le couple souhaitait répondre à l'intérêt récemment exprimé par la municipalité pour l'architecture moderne. Les deux hommes avaient déjà entrepris

trois rénovations dans leur ancien appartement et ils avaient une idée très claire de ce qu'ils désiraient. « Nous avons rédigé un cahier des charges très précis pour les architectes, mentionnant nos besoins et nos souhaits », poursuit Lökaas.

Collectionneur et marchand d'art, Ahlgren rêvait de surfaces murales pour exposer ses œuvres et d'un bureau à domicile pour gérer sa société. Pour sa part, Lökaas voulait pouvoir jardiner durant ses loisirs. Le couple souhaitait également une vaste bibliothèque, beaucoup de lumière naturelle et une intimité sauvegardée depuis la rue. L'aspect comptable importait également. L'emprise constructible était de seulement 75 m², mais Ahlgren et Lökaas voulaient disposer d'au moins 100 m² de surface utile pour assurer la viabilité financière du projet.

Grâce à une parfaite entente entre les architectes et leurs clients, le développement du projet s'est effectué sans heurts ni pertes de temps. Lökaas se souvient : « Les architectes nous ont soumis trois propositions et nous avons retenu la plus intéressante. Ensuite, nous avons obtenu le permis de construire très rapidement, ce qui nous a un peu surpris ! » Le dossier d'exécution fut établi au printemps. La construction commença l'année suivante et, après deux mois d'interruption dus à des pluies estivales, la maison fut achevée durant l'automne.

La Maison de Ville, ainsi qu'elle est dénommée par les architectes, ouvre sur une rue pavée du centre historique de Landskrona, non loin de la citadelle érigée entre 1549 et 1559 par le roi Christian III et de l'hôtel de ville du XIXᵉ siècle. Avec son volume monolithique, ses lignes géométriques et ses façades blanches évoquant les régions méditerranéennes, la structure moderniste proposée par Elding et Oscarson ne passe pas inaperçue. Malgré tout, en dépit du contraste apparent, elle s'intègre bien dans son environnement, semblant se glisser sans effort parmi les petites maisons traditionnelles aux formes, couleurs et hauteurs variées. La Maison de Ville est plus étroite que la plupart des constructions environnantes et, bien qu'elle comporte trois niveaux, elle est également moins haute. Les architectes tenaient absolument à ce que l'édifice « s'inscrive dans l'environnement et complète, par son échelle et ses proportions, l'alternance des hauteurs caractérisant le rythme visuel de la rue ». De fait, les larges baies vitrées aménagées sur toutes les faces de la construction permettent un dialogue permanent avec l'extérieur.

La construction fut rapidement surnommée la « *japanhus* » (maison japonaise) par les habitants du centre historique, sans doute parce qu'elle incorpore des éléments associés à l'architecture nippone traditionnelle, notamment la faible emprise au sol, l'importance donnée à la lumière naturelle et la simplicité des matériaux et des lignes. Le projet est caractérisé

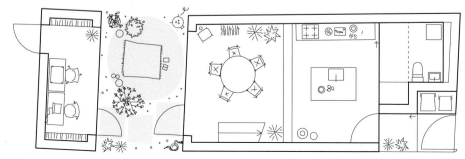

« L'intérieur demeure très privatif, mais l'aménagement est dominé par l'idée de transparence. »

par un espace ouvert unique abritant trois niveaux distincts aménagés sur des planchers en acier. Ces trois niveaux interconnectés définissent l'ensemble des espaces : cuisine, salle à manger, salon, bibliothèque, chambre, salle de bains et loggia. À travers la simplicité de leur concept, les architectes ont voulu créer « une suite dynamique de lieux clos et ouverts, de niches, d'espaces intérieurs et extérieurs, d'ambiances verticales et horizontales et de vues soigneusement calibrées ».

Au rez-de-chaussée et au premier étage, les niveaux partiels créent des espaces à double hauteur de plafond qui induisent une impression de confort et d'espace malgré la faible superficie. La lumière naturelle pénètre largement, depuis le toit, le jardin et la rue. « La maison est conçue de façon très astucieuse, déclare Lökaas. L'intérieur

demeure très privatif, mais l'aménagement est dominé par l'idée de transparence. » Un escalier métallique d'inspiration industrielle conduit de la salle à manger au salon, dans lequel une bibliothèque toute hauteur dessinée par les architectes encadre la vue sur la rue. De là, un deuxième escalier mène à la chambre, où un ensemble de rangements, également façonné sur mesure, encadre la vue sur le jardin clos. « Il n'y a pas beaucoup d'espaces de rangement, mais cela nous a obligés à nous débarrasser de pas mal de choses ! » confie Lökaas.

La salle de bains et la loggia sont accessibles par une passerelle en métal ajouré qui poursuit le thème de la transparence. L'agréable loggia s'ouvre sur le ciel et offre des vues sur les toits environnants à travers des ouvertures grillagées préservant l'intimité. De leur propre initiative, Ahlgren et Lökaas ont ajouté une échelle métallique qui leur permet d'accéder au toit-terrasse lorsqu'ils souhaitent profiter d'un panorama totalement dégagé.

À l'arrière de la maison, un pas japonais tracé à travers le petit jardin – nouveau clin d'œil à l'art de vivre nippon – conduit à un spacieux bureau. La face entièrement vitrée de cette structure annexe fait écho à celle de la salle à manger, créant une continuité formelle et optimisant l'apport de lumière naturelle.

Durant les courtes journées d'hiver, cette lumière naturelle se trouve magnifiée par les murs blancs et l'espace largement ouvert, mais elle est volontairement occultée par des rideaux opaques au début de l'été, lorsque la nuit se fait presque inexistante. Ces épaisses tentures atténuent la géométrie des lignes et procurent une intimité bienvenue au gré des occupants. Le poêle à bois placé dans la salle à manger, les parquets des deux niveaux supérieurs et les élégants meubles en bois clair complètent ce décor chaleureux.

Aujourd'hui, la Maison de Ville n'est plus habitée par le couple, mais Lökaas explique qu'elle gardera toujours une place spéciale dans son cœur : « Je suis très fier d'avoir participé à la naissance de cette maison. Elle a été conçue pour nous et j'ai investi beaucoup de passion et d'énergie dans sa réalisation. »

Lökaas songe avec nostalgie à la luminosité des espaces, au poêle à bois et au petit jardin, mais il est soulagé de ne plus avoir à assurer l'entretien d'une maison. Le designer est retourné s'installer à Helsingborg, où il a acquis un appartement moitié moins grand. Lökaas affirme que ces cinq années passées dans la Maison de Ville l'on conduit à apprécier les bénéfices de l'habitat compact : « J'ai compris qu'un espace d'habitation de faible superficie devait d'être ouvert, lumineux et chaleureux. Cela influe de façon positive sur l'humeur et l'état d'esprit des occupants. »

« J'ai compris qu'un espace d'habitation de faible superficie se devait d'être ouvert, lumineux et chaleureux. »

Aires de jeu

Lorsqu'ils sont conçus avec intelligence, les espaces réservés aux plus jeunes peuvent receler des trésors d'amusement et d'inventivité. De fait, la chambre d'enfant est souvent la pièce la plus innovante dans un logement modeste. La conception d'un tel espace doit prendre en compte le rangement des livres et des jouets ainsi que l'aménagement d'un coin couchage parfaitement au calme. Il est également nécessaire que le lieu puisse être facilement transformé pour répondre aux besoins de l'enfant au fur et à mesure qu'il grandit.

Ranger avec le sourire

Dans cet appartement, l'architecte portugais Pedro de Azambuja Varela a créé un ensemble de rangements jaune vif pour délimiter deux espaces. La construction rassemblant placards, étagères et tiroirs inclut des détails amusants, ainsi d'un marchepied escamotable manipulé à l'aide d'une poignée en forme de *smiley*.

Mur tableau noir et porte en forme de maison

L'atelier d'architecture québécois La SHED a imaginé un espace pour enfants dans une demeure de Montréal en transformant une cloison en un tableau noir percé d'une petite porte en forme de maison.

Une maison à plusieurs niveaux

Dans cette maison située à Sapporo, au Japon, l'agence nippone Jun Igarashi Architects a joué avec différents niveaux pour optimiser la lumière naturelle et l'espace. D'élégants escaliers métalliques donnent accès aux deux mezzanines, tandis qu'une fine paroi en acier habillée de blanc assure une connexion visuelle entre le lieu de vie principal et l'aire de jeu des enfants.

Un bureau à jouets

Avec ses étagères, ses mini-fenêtres et ses points d'accrochage, ce meuble sur pieds dessiné par l'agence japonaise
Torafu Architects définit un micro-espace ludique digne d'un théâtre de marionnettes. Entièrement personnalisable,
il offre l'avantage de pouvoir être configuré en bureau lorsque l'enfant arrive à l'âge de la scolarité. Un tabouret
à siège capitonné, qui fait également office de boîte de rangement, complète astucieusement l'ensemble.

Construite pour des enfants

Cette extension d'une maison en bande de Melbourne a été imaginée par le cabinet australien <u>Austin Maynard Architects</u> en mettant en avant le confort de jeunes enfants. La chambre du garçon englobe un plancher en estrade abritant plusieurs coffres de rangement et un ensemble de marches et d'étagères, dont l'une sert également de bureau, donnant accès au lit placé en mezzanine.

Une cabane de petit garçon

L'agence parisienne <u>Maema Architectes</u> a créé cette cabane dans
un logement où il fallait gagner de la place à la suite de la naissance
d'un second enfant. Le lit installé en mezzanine et l'escalier en échelle
de meunier délimitent un petit espace de jeu protégé. Les claustras,
qui épousent la forme d'un toit en partie supérieure, ont une fonction
décorative autant que sécuritaire, tandis que les rangements
placés sous l'escalier apportent leur fonctionnalité.

Un lit d'enfant modulable

Ce meuble-lit en bois clair a été conçu par <u>Schneider + Assaf</u> pour servir durant tout le temps de l'enfance. Grâce à ses nombreux tiroirs et étagères, il peut accueillir jouets, objets, livres et vêtements à tous les âges. Plusieurs caissons amovibles en plastique viennent augmenter les capacités de rangement afin d'éviter tout désordre.

Lits d'enfants en alcôves

Dans cette chambre d'enfants dessinée par Bas van Schelven et Wendy Rommers, les deux lits ont été dissimulés au sein d'alcôves afin de libérer un vaste espace de jeu central. La position surélevée des couchages a permis d'implanter, sous chacun d'eux, un large placard. De façon amusante, les deux alcôves peuvent être fermées à l'aide de volets de bois de forme traditionnelle.

Une micro-mezzanine

Dans cet appartement de Göteborg, en Suède, une pièce étroite a été transformée en chambre pour deux enfants. L'un des deux lits est installé sur une mezzanine qui occupe la largeur de la pièce, laissant suffisamment de place, en partie basse, pour l'autre espace de couchage.

Lits superposés futuristes

Ce petit appartement habité par la décoratrice Joanna Bagger joue sur une palette réduite de formes et de couleurs. Les quatre membres de la famille occupent une chambre unique dans laquelle deux lits superposés de forme futuriste sont réservés aux enfants. Plusieurs placards et tiroirs disposés sous la couchette inférieure fournissent de très utiles espaces de rangement.

Cuisine et repas

Pour être réellement fonctionnels, les espaces voués à la préparation et à la prise des repas doivent épouser très précisément les habitudes de ceux qui les utilisent. Dans un logement de faible superficie, il est nécessaire qu'ils soient facilement adaptables et riches en rangements afin d'éviter tout désordre. Un coin cuisine intégré dans une niche ou une table de repas escamotable pouvant être abaissée au gré des besoins font partie des solutions d'aménagement souvent retenues par les architectes d'intérieur et les décorateurs.

La cuisine au placard

La cuisine de cet appartement aménagé par l'atelier de décoration suédois Kvart Interiör tient tout entière dans un ancien placard. Deux étagères accueillent vaisselle et ustensiles au-dessus d'un plan de travail noir de jais qui contraste avec les tons clairs de la décoration.

Une cuisine casse-tête

L'organisation de la cuisine a été la partie la plus difficile lors de l'aménagement de ce duplex new-yorkais de Brooklyn mené par l'atelier d'architecture intérieure Workstead. Le plan de travail et les rangements sont menuisés de façon traditionnelle avec quelques touches bienvenues de cuivre jaune. Un rehaussement très pratique en partie arrière permet l'entreposage d'herbes et d'épices.

Cuisine et coin repas

Dans cet appartement de 29 m² situé à Wroclaw, en Pologne, l'agence d'architecture 3XA a rassemblé salon, coin repas et cuisine au sein d'un espace unique afin de privilégier l'aménagement d'une confortable chambre en mezzanine. Le coin cuisine, dominé de blanc, est délimité par une petite table-bar qui sert également de plan de travail annexe durant la préparation des repas.

Module moderniste dans un espace historique

Pour l'aménagement de cet appartement dans un immeuble historique de Berlin, l'architecte allemand Jan Rösler a créé plusieurs modules utilitaires qui n'affectent en rien la décoration existante. Le module culinaire est formé de trois placards supportant un plan de travail équipé d'un évier. Un abattant permet de masquer le plan de travail lorsque le module n'est pas utilisé.

Une cuisine en boîtes

Dans cet appartement bordelais rénové par l'agence L'Atelier Miel, la cuisine reflète les lignes épurées privilégiées par les architectes. Les placards en bois clair et les panneaux de même matériau dissimulant les équipements forment deux boîtes compactes qui définissent l'aménagement. Les concepteurs précisent que « la cuisine est une sorte de péninsule accessible sur trois côtés ».

Portes en accordéon

Pour la rénovation d'un appartement de 63 m² dans un immeuble de Tokyo des années 1960, l'agence Minorpoet s'est inspirée de techniques japonaises traditionnelles. Un système de panneaux en accordéon évoquant les *byōbu*, ces paravents japonais richement décorés, permet de clore entièrement l'espace dédié à la cuisine pour un aspect plus ordonné.

Un îlot métallique

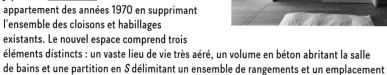

Dans le quartier d'Akasaka, à Tokyo, l'agence japonaise Front Office a entièrement rénové un appartement des années 1970 en supprimant l'ensemble des cloisons et habillages existants. Le nouvel espace comprend trois éléments distincts : un vaste lieu de vie très aéré, un volume en béton abritant la salle de bains et une partition en *S* délimitant un ensemble de rangements et un emplacement pour le réfrigérateur. La cuisine en îlot est constituée d'un unique meuble en acier inoxydable entièrement ouvert qui évoque un environnement industriel.

Rangements revisités

Le Københavns Møbelsnedkeri, collectif d'artisans fondé par le musicien et luthier danois Kim Dolva, fabrique des meubles à partir de chêne local préparé et transformé de façon traditionnelle.
Ici, le rangement des ustensiles culinaires a été repensé pour tirer parti des possibilités d'accrochage offertes par deux murs et un panneau de bois.

176

Plateaux
amovibles

Ces plateaux amovibles, conçus par
Navet, sont fixés sur une étagère
ou un plan de travail à la manière
d'une lampe d'architecte pour offrir
un gain de place appréciable dans
toutes les pièces du logement.
Ils se révèlent particulièrement
utiles au sein d'une cuisine exiguë.

Plan de travail
en tiroir

Dans ce micro-appartement
de 13 m² aménagé par Szymon
Hanczar, le coin cuisine a été placé
sous une mezzanine dédiée à l'espace
de couchage. Pour composer avec
l'exiguïté du lieu, le designer polonais
a imaginé des équipements malins,
comme ce plan de travail qui se
déploie à la manière d'un tiroir.

Une couleur vive pour égayer l'espace

Lors de la rénovation de cet appartement de Sydney, l'architecte australien Nicholas Gurney, a choisi un vert émeraude pour les placards muraux de la cuisine. L'espace aménagé sur une estrade parquetée inclut un plan de travail supporté par des tréteaux en bois.

Cuisine sobre pour un cadre ancien

À Porto, au Portugal, le studio d'architecture depA a aménagé plusieurs appartements dans une maison de ville du XIXᵉ siècle en conservant une grande partie du décor d'origine. Dans l'un d'eux, la discrète cuisine faisant face au lieu de vie principal a été façonnée par un artisan local à partir de bois non traité.

Un système de rangement minimaliste

Ce petit appartement de Budapest a été rénové par l'atelier d'architecture Position Collective alors que la société Airbnb commençait son développement dans la capitale hongroise. Pour satisfaire les besoins du client – proposer l'appartement en location pour de courtes périodes –, un aménagement simple et fonctionnel a été adopté. Dans la cuisine, des panneaux de contreplaqué ont été percés de trous circulaires pour l'accueil de chevilles de bois portant des étagères. Ce système de rangement minimaliste permet d'entreposer aisément vaisselle et ustensiles.

Sol arc-en-ciel et plan de travail en inox

Cette rénovation d'un appartement parisien de 72 m², réalisée pour un créateur de mode, est égayée par les dalles de sol multicolores de la cuisine. Les architectes de l'agence SABO Project ont complété l'aménagement avec un plan de travail en acier inoxydable long de 4,50 m et un jardin aromatique vertical constitué de 26 pots en céramique.

La cuisine turquoise

L'agence italienne Studio Wok a aménagé cette cuisine dans un appartement de 28 m² situé à Milan avec l'idée d'optimiser la superficie disponible. Les surfaces bleu turquoise contrastent agréablement avec le parquet et l'habillage en bois clair du lieu de vie principal.

Une palette chromatique apaisante

Pour l'aménagement de ce micro-studio dans une maison du centre historique de Porto, l'agence d'architecture portugaise URBAstudios a choisi de placer le coin cuisine dans l'entrée. L'espace a été habillé d'une couleur apaisante, contrastant avec les murs blancs de l'espace principal. Des lattes verticales en pin forment un écran visuel et complètent harmonieusement la palette chromatique.

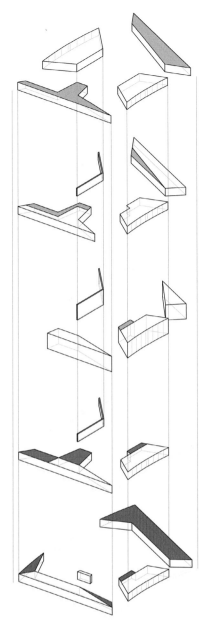

Un espace conceptuel en mosaïque

Cette proposition d'aménagement pour un espace d'habitation de 36 m² a été présentée par l'agence d'architecture madrilène Zooco Estudio dans le cadre du salon Casa Decor à Madrid, en 2013. Des parois et modules habillés de diverses mosaïques, toutes produites par la société espagnole Hisbalit, pénètrent vers le centre de l'espace selon des angles quelconques pour définir les divers lieux du quotidien, en particulier un espace de relaxation et de couchage, un coin cuisine et repas, une salle de bains et un coin terrasse agrémenté de plantes vertes. Dans le coin cuisine, les modules définissent un plan de travail et une table revêtus d'une mosaïque de couleur verte ainsi que divers rangements voués aux ingrédients et ustensiles. Les concepteurs ont choisi de traiter le périmètre de l'aménagement comme une zone de service s'opposant à l'espace ouvert central. Les plafonds entièrement habillés de miroirs compliquent la perception des échelles et ajoutent à l'originalité du lieu.

Une kitchenette dans un placard rose

À Velle-sur-Moselle, non loin de Nancy, le collectif d'architecture GENS a aménagé un petit ensemble de logements pour personnes âgées dans un ancien corps de ferme. Cette kitchenette trouve sa place dans une pièce commune partagée par les occupants des trois studios du rez-de-chaussée. Elle occupe un minimum d'espace et convient parfaitement pour la préparation d'un thé ou de petits en-cas. Les tons pastel apportent une touche reposante à la décoration.

Cuisine masquée

L'atelier néerlandais Paul de Ruiter Architects, en collaboration avec l'agence i29, a créé ce placard-cuisine dans le cadre de la construction d'une villa moderniste à Bloemendaal, aux Pays-Bas. Une porte coulissante permet de dissimuler entièrement le coin cuisine lorsqu'il n'est pas utilisé.

Une cuisine dans une caisse en bois

Pour le projet d'une luxueuse cabane au milieu des arbres à Monterey, dans les montagnes du Massachusetts, l'agence new-yorkaise Framework Architecture a imaginé cette cuisine inscrite dans un caisson de bois au cœur d'un volume en double hauteur. Le ton clair du bois s'allie parfaitement avec le parquet et le blanc dominant de la cuisine.

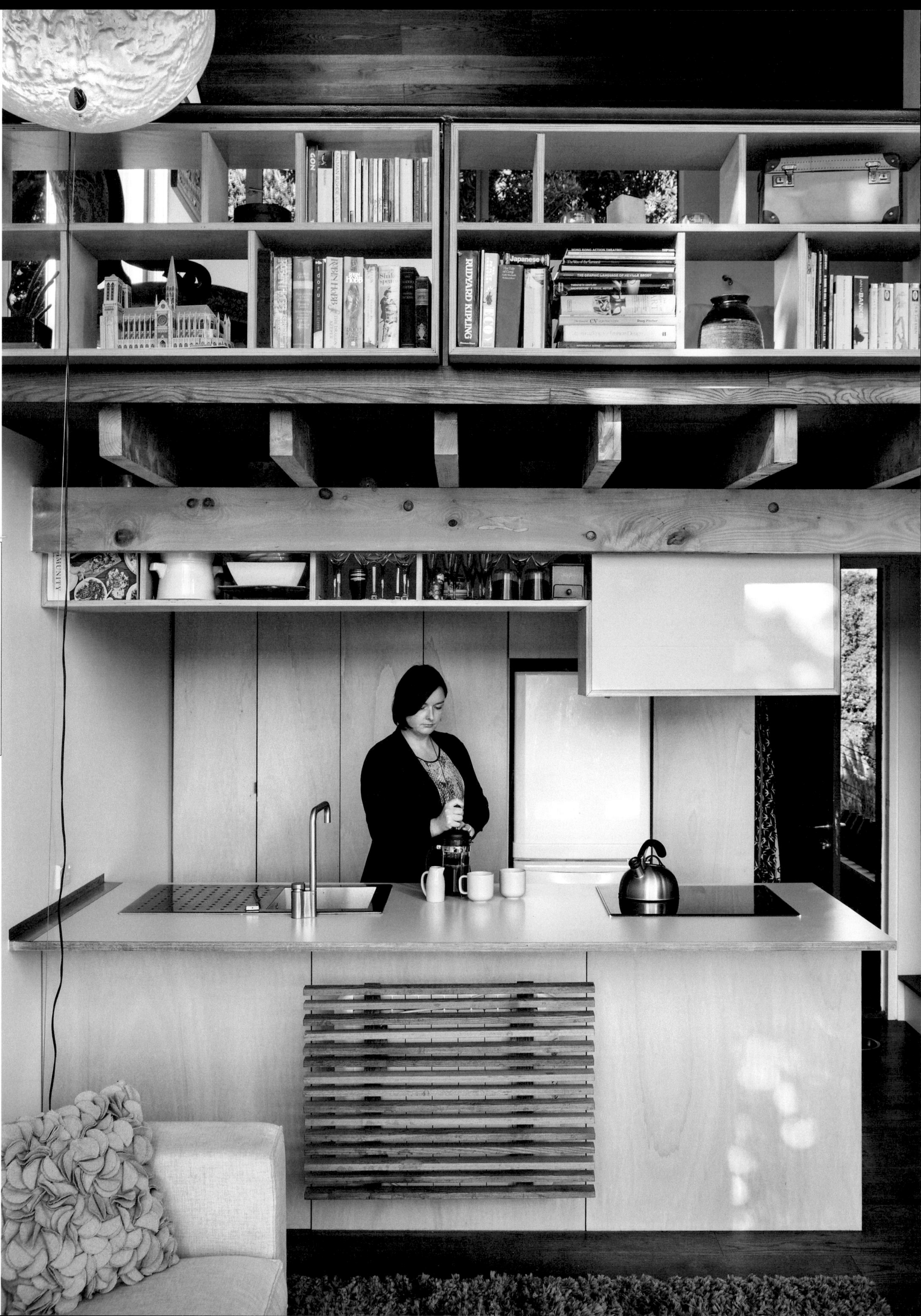
RUDYARD KIPLING
Japanese

Rangements originaux pour une cuisine chaleureuse

Cette maison minimaliste a été édifiée, pour son usage personnel, par l'architecte néo-zélandais Andrew Simpson de l'agence Wiredog Architecture. Elle s'inspire des préceptes mis en avant par l'architecte japonais Makoto Masuzawa dans les années 1950. Du fait de la faible emprise au sol, les divers espaces ont été disposés à l'intérieur d'un volume en double hauteur incluant, au rez-de-chaussée, la cuisine ouverte et le lieu de vie principal. Une agréable mezzanine accueille la chambre et un coin bureau. Avec l'aide de son père, l'architecte a façonné lui-même les rangements surplombant la cuisine à partir de frêne et de contreplaqué de peuplier.

Un remède peu onéreux au manque d'espace

Dans cet appartement sous combles de 50 m² situé à Londres, l'architecte Bobby Petersen a choisi un style rustique pour pallier de façon économique au manque d'espace. Étagères et crochets permettent d'entreposer simplement les divers ustensiles de cuisine, tandis que le plan de travail monté sur roulettes peut être facilement déplacé lorsqu'il n'est plus utilisé. Une échelle ouvre l'accès à un petit coin travail en mezzanine, tandis que les plantes en pot disposées çà et là ajoutent au caractère rural de l'aménagement.

Un joli papier peint pour attirer l'œil

L'atelier de décoration suédois <u>Kvart Interiör</u> a utilisé un papier peint richement orné pour servir de toile de fond à un charmant coin cuisine dans un appartement de Göteborg, en Suède. Une élégante petite table installée au bord de la fenêtre permet de prendre très confortablement les repas.

Un coin repas marqué au sol

Dans cet appartement de Stockholm aménagé par la firme suédoise <u>Historiska Hem</u>, des lames de parquet peintes en gris clair délimitent joliment le coin repas. Le décor a été imaginé autour d'un ensemble de meubles des années 1950.

Opposition de styles

À Buenos Aires, le collectif argentin <u>IR Arquitectura</u> a rénové un appartement situé dans un immeuble des années 1960 en opposant les styles. Dans le coin repas, deux chaises Eames et un élégant ensemble menuisé incluant étagères et banc sont associés à une vieille table en bois peint.

Coin repas suspendu

Dans cet appartement madrilène rénové par l'agence d'architecture espagnole Elii, la table et les deux bancs du coin repas peuvent être descendus du plafond grâce à un astucieux système de cordes et de poulies. À la fin du repas, ces meubles retrouvent leurs places zénithales de façon à libérer entièrement l'espace.

Un siège d'appoint intégré au plan de travail

Dans le cadre du projet d'extension d'une maison en bande de Melbourne mené par l'agence australienne Austin Maynard Architects, le coin repas a été aménagé sur une estrade abritant de nombreux rangements réservés aux jouets des enfants. Le plancher surélevé a permis d'intégrer un petit banc escamotable au plan de travail pour servir de siège d'appoint lors de l'accueil d'invités.

Une table escamotable

Cette table escamotable originale forme l'un des aménagements les plus spectaculaires imaginés par l'architecte roumain Bogdan Ciocodeică pour un appartement de 65 m² situé à Bucarest. Lorsqu'elle est relevée, la table s'inscrit au sein d'un placage en contreplaqué qui habille l'un des murs du lieu de vie principal.

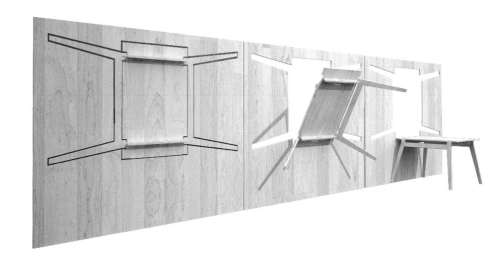

De la 2D à la 3D

Avec son concept De-dimension, le designer sud-coréen <u>Jongha Choi</u> transforme une vue bidimensionnelle en un objet tridimensionnel fonctionnel. En quelques secondes, un tabouret 2D accroché au mur à la manière d'une œuvre d'art devient un véritable siège prêt à l'emploi.

Une table-bureau pivotante

Pour la rénovation d'un petit appartement en duplex dans le centre historique de Bordeaux, L'Atelier Miel a conçu une table-bureau pivotante qui peut être déployée vers le centre de l'espace au moment de la prise des repas. Replacée dans sa position initiale, la table devient un élégant bureau.

Cuisine et repas

196

Une table accrochée au plafond

L'agence d'architecture espagnole Anna & Eugeni Bach a rénové un petit appartement dans le quartier de l'Eixample, à Barcelone, en rassemblant salon, salle à manger, cuisine et bureau dans un espace unique. La cuisine est conçue comme une boîte indépendante sur laquelle a été installé un banc accessible par une échelle rudimentaire. Le banc est associé à un plateau suspendu aux poutres apparentes, qui peut être utilisé pour travailler ou prendre les repas.

Bar mural ou table de salle à manger

À Taipei, l'agence d'architecture taïwanaise A Little Design a transformé un appartement de 22 m² en un espace privilégiant la fonctionnalité. Deux plateaux de bois se combinent pour former un bar mural ou une table de salle à manger en fonction des besoins du quotidien.

Avec vue

Lieu ———— **Bratislava, Slovaquie**
Nombre d'occupants ———— **1**
Superficie ———————— **85 m²**

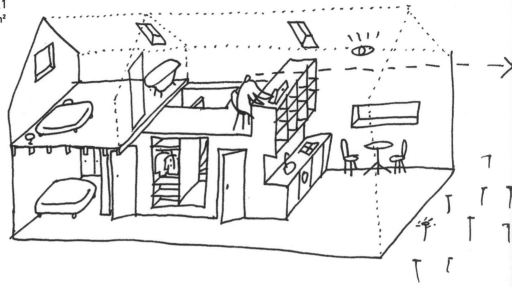

Iveta Istokova avait besoin d'un changement radical. Depuis des années, elle habitait un modeste trois-pièces dans un immeuble de sept étages non loin du centre de Bratislava.

L'immeuble s'élevait en bordure d'un vaste parc dans lequel Iveta aimait faire de longues promenades, mais, avec le temps, ce quartier autrefois si paisible était devenu une bruyante zone de transit traversée chaque jour par d'innombrables véhicules. Lorsque sa fille quitta l'appartement pour prendre son indépendance, Iveta se dit que le moment était venu d'essayer quelque chose de nouveau. « J'ai décidé de faire ce que seuls les hommes font par ici : me faire construire une maison pour moi toute seule », explique-t-elle.

Il fallut beaucoup de temps pour choisir le lieu idéal. Iveta indique : « Nous avons exploré ce sujet pendant environ quatre ans, ma fille et moi, et cela nous a beaucoup amusées ! »

Bratislava s'étend au pied du massif des Petites Carpates et de part et d'autre du Danube, le deuxième plus long fleuve d'Europe. « Grâce à sa situation géographique, Bratislava englobe de nombreux quartiers très agréables, mais une croissance chaotique a rendu très difficiles les liaisons entre certains de ces quartiers et le centre-ville », continue Iveta.

L'aspect financier était également essentiel, car Iveta n'avait pas les moyens d'acheter un bien immobilier dans les quartiers les plus centraux. Pour satisfaire son envie de proximité avec la nature, Iveta explora les banlieues les plus vertes en même temps que celles offrant l'accès le plus facile, en voiture, à son lieu de travail. Le site qu'elle finit par choisir représente un parfait compromis entre ses moyens financiers et les critères recherchés.

Le quartier suburbain de Čunovo offre une ambiance quasi villageoise et a été récemment redécouvert comme une des rares parties de Bratislava où il est encore possible de construire un logement familial. Il est situé en terrain plat et englobe un lac et plusieurs petits tributaires du Danube. De façon

Ci-dessus : **au rez-de-chaussée, le bloc utilitaire central abrite la cuisine, un coin douche et des rangements. À l'étage, il supporte le coin bureau.** Page opposée : **le pignon vitré s'ouvre sur un vaste jardin laissé au naturel.**

encore plus avantageuse, il borde une vaste réserve naturelle qui offre de multiples possibilités pour les promenades et la pratique sportive.

Le futur architecte du projet fut présenté à Iveta par sa fille. « J'ai aimé la simplicité des matériaux, les lignes simples et la beauté presque austère – peu de décoration ou d'éléments non fonctionnels – dans le travail de Peter Jurkovič et de ses collègues du studio GutGut. Ce que j'ai vu rejoignait exactement mon chemin personnel vers davantage de simplicité », explique Iveta.

Elle approcha le projet avec un esprit ouvert, mais elle prit soin de préciser

« Le travail des architectes rejoignait ma soif de simplicité. »

certains aspects à ses yeux essentiels : « Je souhaitais une étroite interrelation entre l'intérieur et l'extérieur, un espace avec vue pouvant servir de bureau, une remise à outils et une véranda ouverte, le tout fonctionnel, dimensionné à mon échelle et à un coût maîtrisé ! »

L'équipe d'architecture composée de Peter Jurkovič, Lukas Kordik et Števo Polakovič présenta une esquisse inspirée par les formes et la typologie de l'architecture rurale slovaque. La construction fut confiée à l'entreprise locale RedukTherm, spécialisée dans l'habitat à faible consommation énergétique. « Environ six mois s'écoulèrent entre l'achat du terrain et le début des travaux. Un an plus tard, j'ai pu emménager dans ma nouvelle maison », déclare Iveta.

La construction, érigée sur une parcelle d'environ 500 m², offre une superficie totale de 85 m² répartie sur deux niveaux. Elle est de forme simple, caractérisée par un toit à double pente, des ouvertures placées de façon asymétrique et une véranda ouverte courant le long d'une des deux façades longitudinales. La véranda sert tout au long de l'année et c'est là qu'Iveta commence ses journées (même l'hiver) en buvant un café.

Les architectes se sont attachés à respecter le budget de 75 000 euros. La maison a été construite à l'aide de panneaux SIP à haute performance énergétique, constitués de deux panneaux de bois OSB encadrant une lame centrale en mousse de polyuréthane. La dalle en béton du rez-de-chaussée est chauffante, assurant une diffusion efficace de l'énergie thermique. Afin d'éviter tout surcoût, le sol en béton a été laissé brut.

L'un des traits les plus frappants de la maison d'Iveta est sans conteste le pignon entièrement vitré reliant le lieu de vie principal au vaste jardin. « Cette paroi vitrée est un luxe par rapport aux autres équipements, commente Iveta. Mais c'est ainsi : certaines parties de la maison sont simples et peu onéreuses, d'autres représentent une part importante du budget. »

Au centre de l'édifice, un cœur utilitaire abrite la cuisine, une douche, divers rangements et l'escalier conduisant à l'étage partiel. Les divers lieux de vie de l'habitation sont répartis autour et au-dessus de cette boîte en bois.

Le rez-de-chaussée abrite la chambre principale et, côté jardin, un espace en double hauteur réunissant le salon/salle à manger et la cuisine ouverte. Un coin travail aménagé au-dessus de la boîte utilitaire s'enrichit d'un large plan de travail orienté vers le pignon vitré et le jardin. Au même niveau, côté rue, se situent la seconde chambre et une salle de bains. Les portes et les ouvertures en toiture ont été disposées afin de favoriser la circulation de l'air.

Le pignon vitré étant orienté au nord, il n'a pas été nécessaire de l'abriter du soleil : un simple rideau installé au rez-de-chaussée garantit l'intimité des occupants. « Je me demandais si cette ouverture surdimensionnée n'allait pas constituer une gêne, commente Iveta. De façon surprenante, j'ai complètement oublié sa présence ! »

Trois portes identiques – la porte d'entrée centrale et les deux portes ouvrant sur la cuisine et la chambre – relient la véranda aux divers lieux de vie du rez-de-chaussée. « J'utilise le plus souvent la porte ouvrant sur la cuisine, car c'est la plus pratique pour servir un dîner dans la véranda », précise Iveta. Sur l'autre façade longitudinale, une solide porte coulissante en bois donne accès à une remise vouée aux outils de jardinage. Durant l'été, la double porte inscrite dans le pignon vitré reste ouverte en permanence.

Faisant écho à la construction, l'intérieur de la maison d'Iveta associe des objets ordinaires et des équipements un peu plus luxueux. « À côté de la table de salle à manger IKEA, il y a des étagères des années 1960 dessinées par le designer allemand Dieter Rams, continue Iveta. Il y a peu, j'ai ajouté quelques objets ayant appartenu à ma famille. Je pense que c'est une bonne chose de garder un peu de son passé lorsque l'on change d'endroit ! »

La maison d'Iveta offre une superficie comparable à celle de son ancien appartement, mais l'habile

Le bloc utilitaire organise l'espace de même que le quotidien de l'occupante.

disposition des espaces lui permet d'exploiter les mètres carrés disponibles de façon beaucoup plus rationnelle. « L'espace est à la fois simple et très fonctionnel. Ici, j'ai appris à répartir mes possessions en fonction de leur usage », ajoute Iveta. Le bloc utilitaire central ne se contente pas d'organiser l'espace : il organise également le quotidien de son occupante. « Cela me fait économiser un temps considérable ! » conclut Iveta.

Salles de bains

Dans un logement de faible superficie, la salle de bains est souvent reléguée dans le dernier petit espace restant, alors qu'il est possible d'imaginer des solutions originales et innovantes. Intégrer une baignoire ou une douche dans une chambre ou bien apporter un peu de lumière naturelle dans une salle d'eau aveugle compte parmi les défis relevés par les architectes et les décorateurs.

Une baignoire ludique

Lors de la rénovation-extension d'une maison en bande de Melbourne, les concepteurs de l'agence australienne Austin Maynard Architects ont dessiné eux-mêmes cette baignoire en fibre de verre jaune canari. Son aspect ludique plaît aux jeunes enfants du foyer.

Une salle de bains turquoise

Cette salle de bains associant avec goût le turquoise et le blanc fait partie d'un appartement milanais de 28 m² rénové par l'agence d'architecture italienne Studio Wok. La salle d'eau accessible par une porte coulissante englobe, au prix d'une organisation habile, un lavabo, une douche, un bidet et des toilettes.

Un décor à motifs trapézoïdaux

Dans ce loft de Brooklyn, à New York, aménagé par l'agence SABO Project, les piliers en béton brut de l'ancien espace industriel sont encore présents. Les motifs trapézoïdaux de la faïence murale et du carrelage de sol font écho à la forme de la pièce. Neuf nuances de bleu et de gris ont été associées au blanc pour former cette intéressante composition qui gomme les limites entre le vertical et l'horizontal.

Baignoire en boîte

Dans cet appartement de Kanagawa, au Japon, aménagé par l'agence nippone Tenhachi Architect & Interior Design, la salle de bains a été placée à l'intérieur d'un caisson de bois dans une mise en scène presque théâtrale. Le blanc éclatant de l'aménagement met en valeur le placage de bois clair, disposé en diagonale, qui habille l'enveloppe.

Masquée derrière une paroi de rangements

Dans cet appartement de Sydney rénové par l'architecte australien Nicholas Gurney, l'accès à la salle de bains se fait à travers une paroi de rangements construite en mélaminé noir.

Élégante mosaïque murale et meuble suspendu

L'agence australienne Dan Gayfer Design a rénové une maison de ville de Melbourne en créant un patio qui conduit la lumière naturelle vers la chambre, la salle de bains et le lieu de vie principal. Le rose saumon de l'élégante mosaïque murale et le brun clair des éléments suspendus en bois, dessinés avec grand soin, mettent en valeur cet éclairage. L'imposant cadre en bois du miroir forme le point central du décor.

Un lavabo en béton

Pour ce projet d'une maison de moyenne montagne dans les Alpes bergamasques, l'atelier d'architecture italien EV+A Lab (Alfredo Vanotti) a placé le béton brut de décoffrage au cœur de la décoration. Le lavabo rustique, lui aussi en béton, est supporté par un meuble de rangement en bois.

Organisation rationnelle

Dans cet appartement moscovite rénové par l'agence de design polonaise Proforma, la salle de bains occupe une emprise minimale, mais les hauts placards-miroirs placés au-dessus du lavabo tendent à agrandir l'espace. Ils font partie d'un ensemble de rangements étendu jusqu'au-dessus de la baignoire.

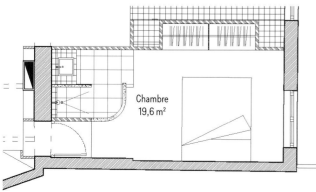

Chambre
19,6 m²

Une douche et un lavabo
derrière une paroi incurvée

L'architecte française <u>Hélène Reinhard</u> a imaginé cette petite
salle de bains intégrée pour l'aménagement d'un étroit
duplex à Saint-Mandé. La partition incurvée dissimule cet
espace sans nuire à l'harmonie de la chambre.

Salle de bains sous combles avec trappes

Dans ce petit duplex situé à Madrid, l'agence d'architecture espagnole Elii a situé la salle de bains sous les combles, à l'opposé du coin couchage. La baignoire est encastrée dans une vaste estrade en bois qui abrite également des espaces de rangement accessibles par des trappes. Ce même système a permis l'aménagement d'un petit coin maquillage à utiliser à genoux !

Traitement minimaliste

À Katowice, en Pologne, l'architecte locale <u>Joanna Kubieniec</u> a utilisé
une palette réduite de couleurs et de matériaux pour la rénovation
d'un appartement de 85 m². La salle de bains associe les tons chaleureux
du bois, le blanc des équipements sanitaires et le gris plus froid du sol
et des murs pour un espace minimaliste et épuré.

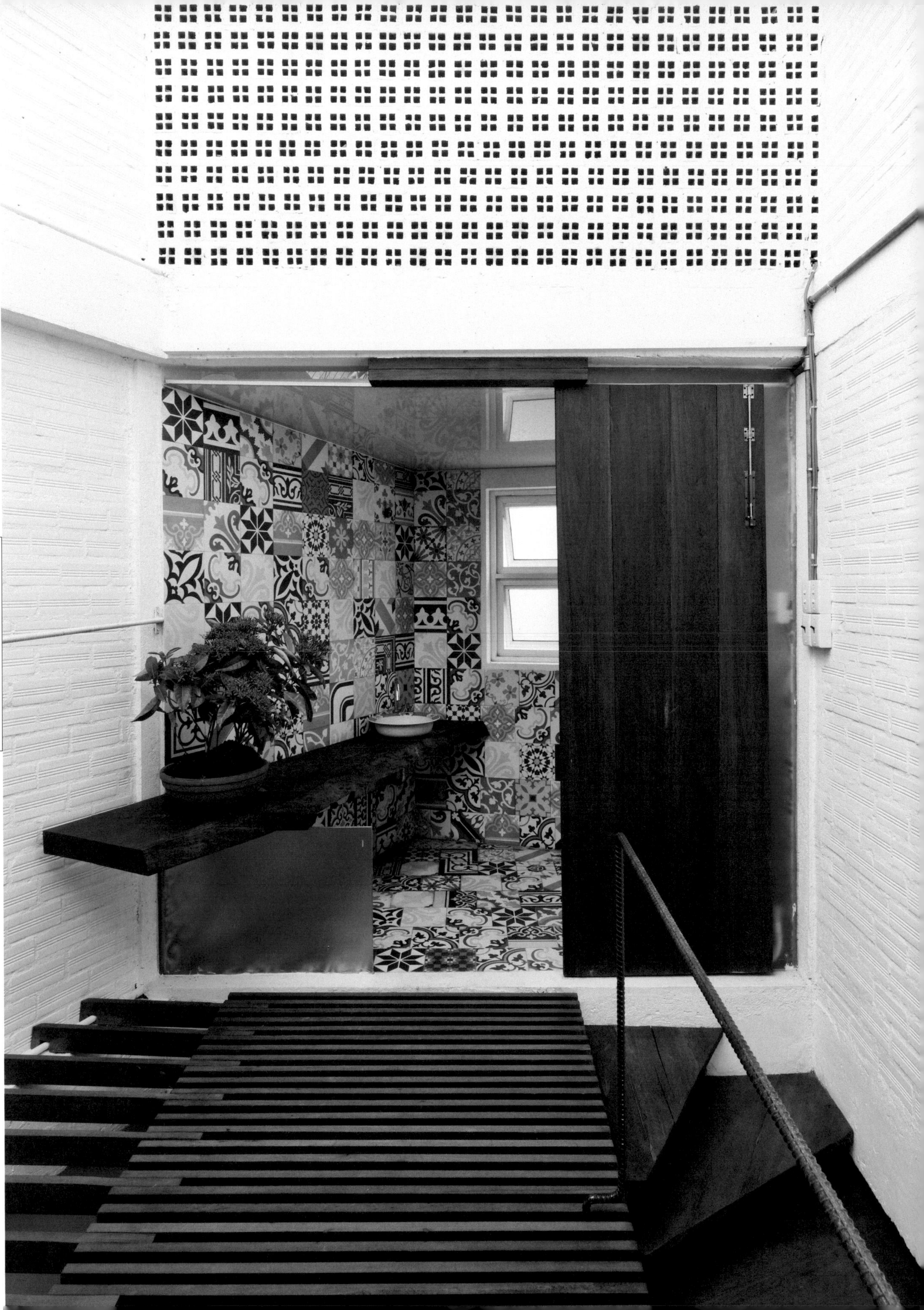

Entre deux murs existants

À Berlin, l'agence Jan Rösler Architekten a aménagé cette étroite salle de bains entre deux murs existants d'un petit appartement du centre historique. L'épais mur de briques, dont les niches ont été utilisées pour le placement des équipements sanitaires, contraste joliment avec le blanc des surfaces peintes.

Une salle de bains sous les toits

À Saint-Sébastien, en Espagne, l'atelier Pura Arquitectura a transformé un appartement de 40 m² en un espace ouvert englobant le volume de la toiture. La salle de bains installée en mezzanine est largement éclairée par une imposante fenêtre de toit. Un élégant meuble suspendu blanc et noir englobe le lavabo et plusieurs rangements.

Une salle de bains ouverte

Dans cette petite maison de ville à plusieurs niveaux conçue par le studio d'architecture vietnamien A21 à Hô Chi Minh-Ville (ex-Saïgon), les lieux de vie s'articulent autour d'un espace central. Au deuxième étage, la salle de bains décorée dans un style traditionnel s'ouvre largement sur une élégante passerelle de circulation en lattes de bois.

Lumière naturelle

L'architecte Paola Bagna (ex-Spamroom) et le designer John Paul Coss ont rénové un studio de 21 m² dans un immeuble berlinois du début du xxᵉ siècle en modifiant radicalement les espaces. La salle de bains compacte, d'une superficie de 2 m², englobe une douche à l'italienne, un lavabo et des toilettes. Elle est éclairée par un astucieux puits de lumière aménagé sur la mezzanine, où a été aménagé un confortable espace de couchage.

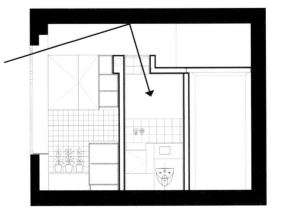

Salle de bains en sous-sol

Cette villa moderniste située à Bloemendaal, aux Pays-Bas, fruit d'une collaboration entre l'atelier néerlandais Paul de Ruiter Architects et l'agence i29 Interior Architects, a été partiellement aménagée en sous-sol afin de minimiser l'impact visuel sur le paysage de dunes environnant. Un large puits de lumière permet d'éclairer la salle de bains au centre de laquelle s'élève une baignoire-îlot très originale.

Un garage au paradis

Une représentante de la génération Y trouve son indépendance au fond du jardin de ses parents.

Les adolescents en crise choisissent souvent de prendre leurs quartiers dans le garage familial. Aujourd'hui, chez les jeunes adultes, cette démarche ne reflète pas une rébellion contre l'autorité parentale, mais plutôt une façon habile de profiter des grands centres urbains à moindre coût. Grâce à l'aide de son amie Sarah Trotter, une architecte d'intérieur installée localement, l'Australienne Alex Kennedy a créé un véritable paradis miniature dans le vieux garage de ses parents à Melbourne.

Après avoir terminé ses études et voyagé quelque temps à l'étranger, Alex souhaitait s'établir dans sa ville natale au sein d'un logement bien à elle. « J'avais partagé de grandes maisons avec des amis, mais j'en ai eu assez d'avoir à déménager à chaque fin de bail ou lorsque le propriétaire voulait mettre son bien en vente », explique Alex. Hélas, ses maigres économies ne lui permettaient pas d'obtenir un prêt pour l'achat d'un appartement dans la capitale de l'État de Victoria, deuxième ville la plus peuplée d'Australie.

Parfois, la solution de nos problèmes se trouve juste sous notre nez. Dans le cas d'Alex, elle se situait à quelques pas de la maison de son enfance,

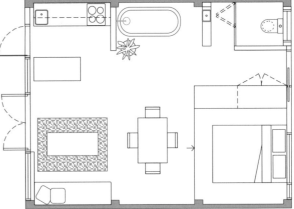

Ci-contre : l'emploi de bois de récupération, de vieilles portes et de contreplaqué brut, associés aux poutres en bois massif et murs de briques peints existants, confère un charme rustique à l'espace. Les meubles anciens confortent cette impression.

aujourd'hui habitée par sa mère. Au fond du jardin de cette propriété du quartier de Carlton North s'élevait un garage double dont Alex comprit rapidement le potentiel. L'idée avait du sens, et elle épousait parfaitement l'intérêt de la jeune Australienne pour les matériaux recyclés et l'autoconstruction. Durant ses voyages à l'étranger, Alex avait passé quelque temps en Nouvelle-Zélande, au sein d'une communauté où elle avait découvert le mouvement d'autoconstruction américain des années 1970. Son oncle, qui avait assemblé de ses mains un sauna et un spa et qui partageait sa conception de l'aménagement compact, constitua une autre influence importante.

Alex trouva également une source d'inspiration durant un séjour au Japon. « J'avais toujours été intéressée par la culture nippone, mais après avoir habité quelque temps chez des amis japonais à Tokyo, j'ai acquis une perception différente de l'espace, déclare Alex. J'ai résolu de vivre dans un petit logement riche en lumière et en textures. » Alex possédait quelques notions d'architecture. Durant son travail à l'Université de Melbourne, elle avait participé à plusieurs projets d'infrastructures, et notamment au réaménagement de certains des édifices du campus. Pour mettre en forme son concept, Alex se tourna vers son amie Sarah Trotter, fondatrice du studio d'architecture intérieure Hearth.

Alex confia ses premières esquisses à Trotter, qui en tira un avant-projet prenant pleinement en considération l'éclairage naturel, l'organisation de l'espace et les rangements. « Je voulais profiter pleinement du jardin, mais sans rien perdre en intimité, continue Alex. Je souhaitais également utiliser du bois de récupération, parce que je trouve que les vieilles poutres ont une histoire et une personnalité. Pour moi, la plupart des maisons construites aujourd'hui sont froides et sans vie. » De concert avec Sarah, Alex passa près d'un an et demi à préparer la phase de construction, récupérant des équipements de deuxième main dans les déchetteries, les centres de recyclage et les ventes en ligne. « Sarah était là pour me dire s'ils convenaient sur les plans esthétique et pratique, poursuit Alex. Son attention au détail et sa compréhension précise de ce que je voulais obtenir ont été des atouts formidables. Elle

m'a poussée à faire des choses que je n'aurais jamais imaginées, des choses qui ont fait mûrir le projet et qui ont rendu l'espace encore plus intéressant. »

Le garage avait un certain caractère. Il avait été construit en même temps que la maison par Merchant Builders, une société immobilière qui édifia nombre de structures modernistes de bonne qualité architecturale dans les quartiers suburbains de Melbourne entre 1965 et 1985. Dès le début, Alex résolut d'exploiter les atouts de son futur logis, en particulier les poutres apparentes en bois massif et les murs de briques peints.

Pour compenser son maigre budget d'environ 50 000 dollars australiens (32 000 euros), Alex entreprit de s'appuyer sur son réseau de connaissances. Elle confia les travaux à Scott McCormack, un menuisier et constructeur local recommandé par un ami. « J'ai décidé de travailler avec Scott parce qu'il se réjouissait à l'idée d'utiliser les pièces de récupération que j'avais

« On se dit souvent qu'on a besoin d'un tas de choses, alors qu'on en utilise finalement très peu. »

accumulées. La plupart des constructeurs préfèrent éviter ce genre de démarche, explique Alex. Il m'a confié des tâches pour m'occuper le week-end et j'ai beaucoup appris avec lui ! » La jeune Australienne est particulièrement fière de la faïence murale, qu'elle a posée elle-même. D'autres amis lui apportèrent une aide ponctuelle, notamment pour mettre le garage à nu au début du processus et pour les travaux de finition.

Après quatre mois de dur labeur, la construction arriva à son terme et Alex put profiter d'un nid confortable et fonctionnel, au style imbibé d'influences japonaises et scandinaves. Le mariage de plusieurs types de bois – chêne de vieilles lames de parquet ou contreplaqué de panneaux récupérés ici et là – apporte un caractère rustique à l'espace. Il est renforcé par des petits détails, telles les poignées en cuir sur les meubles du coin cuisine, qu'Alex installa elle-même.

L'organisation adoptée par Trotter s'appuie sur deux éléments marqueurs d'espace : l'estrade délimitant le coin couchage et la paroi de rangements, incluant le lavabo, qui sépare la baignoire des toilettes. Les meubles en bois de modestes dimensions et le placement stratégique de quelques plantes vertes contribuent à l'impression de sérénité, tandis que l'originalité du travail de Trotter apparaît dans l'utilisation de la baignoire vintage, du lavabo récupéré dans un laboratoire et de la faïence murale de style japonais dans la cuisine.

Un aspect essentiel du micrologis d'Alex est sa relation avec l'extérieur. Le mur de fond de l'ancien garage a été abattu pour laisser place à de larges ouvertures donnant sur le jardin que la jeune Australienne partage avec sa mère. « Il est important d'associer un petit espace à la vastitude de l'extérieur, et c'est ce qui manque souvent aux constructions modernes », constate Alex. La façade

opposée, qui donne sur l'allée, a été traitée de façon à ménager l'intimité : elle est percée de deux fenêtres haut placées et d'une discrète porte coulissante marquant l'entrée.

Aujourd'hui, Alex partage son nouveau logis avec sa partenaire et son chat. Elle affirme que la place ne manque pas, même si cette expérience a définitivement changé sa perception de l'espace : « Ici, je peux inviter des amis et faire toutes les choses dont j'ai envie. Bien sûr, je ne peux rien garder, mais lorsque l'on vit avec de maigres possessions, on apprend à les apprécier à leur juste valeur. On se dit souvent qu'on a besoin d'un tas de choses, alors qu'on en utilise finalement très peu. J'ai pris l'habitude de me débarrasser des objets inutiles et j'y prends beaucoup de plaisir : pour moi, c'est un rituel purificateur. »

Malgré tout, Alex admet que vivre à deux dans un tel espace demande un peu de coordination :

Ci-dessus et page opposée: **les plantes en pot, l'espace entièrement ouvert et les larges baies ouvrant sur le luxuriant jardin établissent une connexion privilégiée avec l'extérieur.**

« C'est un peu difficile si vous souhaitez dormir au moment où l'autre personne se lève et commence sa journée. Et il faut aussi accepter d'utiliser une baignoire entièrement ouverte sur le reste du logement ! » Alex a réfléchi à l'ajout d'un second coin couchage en surélévation, mais elle pense également à construire une maison à l'écart de la ville pour elle et son amie. Il est intéressant de noter que son mode de vie actuel a modifié quelque peu ses priorités en la matière : « J'imaginais un logement nettement plus spacieux que celui que nous occupons actuellement, mais plus le temps passe et plus je me dis qu'un espace légèrement plus grand fera parfaitement l'affaire ! » Pour Alex, l'habitat compact est devenu la norme !

Hors normes

Ce sont dans les espaces étranges et oubliés, ceux où il semble impossible d'aménager un lieu de vie, que les architectes et décorateurs révèlent tout leur savoir-faire. Qu'il s'agisse d'une étroite bande entre deux immeubles, d'une ancienne benne à ordures ou d'un conteneur voué au transport des marchandises, tout peut être transformé en logis avec un peu d'imagination. De plus, tirer parti de tels espaces permet de lutter contre le coût du logement dans les grands centres urbains et d'offrir des opportunités aux jeunes adultes en quête d'indépendance.

Un cube pour artistes

À travers cette installation érigée en 2016 dans le cadre du London Festival of Architecture, les designers Tomaso Boano et Jonas Prismontas ont souhaité démontrer qu'il était possible de créer des espaces de travail peu onéreux à l'intention des artistes, une population chassée du centre de Londres par le coût croissant de l'immobilier. La structure baptisée Minima Moralia, d'une emprise de 4 m², peut être facilement installée sur le toit d'un édifice ou au fond d'un jardin pour l'accueil d'un peintre, d'un sculpteur ou d'un musicien. La face avant de ce cube à armatures d'acier s'ouvre vers le haut pour former un agréable auvent sous lequel il fait bon s'asseoir. À l'intérieur, une simple table de travail et quelques rangements construits en bois lamellé-collé s'offrent à l'utilisateur.

Habiter une benne à ordures

Ce projet mené par l'Américain Jeff Wilson, professeur de science environnementale à la Huston-Tillotson University, à Austin, États-Unis, visait à explorer l'habitat dans un espace de la taille d'une benne à ordures. Pour son étude, Wilson choisit un dumpster en acier de forme traditionnelle auquel il apporta plusieurs aménagements : une petite penderie, une boîte aux lettres, un purificateur d'eau, une porte en bois incluant quelques rangements, un système de climatisation et un toit coulissant. Il prit également soin de peindre l'intérieur en blanc. Après avoir vécu dans cet espace durant un an sur le campus de l'université, Wilson monta une société de micro-habitat nommée Kasita avec l'idée de proposer des unités de 3 m² facilement installables dans les zones urbaines les plus défavorisées.

Page opposée : **le professeur Jeff Wilson à l'intérieur de son dumpster, qu'il habita de février 2014 à février 2015. La peinture blanche appliquée sur les surfaces intérieures et les touches de couleur apportées par le tapis et la décoration murale rendent l'espace un peu plus chaleureux.** Cette page : **pour faciliter l'éclairage et la ventilation, Wilson a ajouté un petit toit coulissant à son refuge installé sur le campus de la Huston-Tillotson University, à Austin, Texas.**

Ce chalet de 8 m² installé à proximité d'un canal d'Amsterdam symbolise l'intérêt croissant du public et des professionnels pour l'habitat compact.

Un chalet imprimé en 3D

Ce chalet posé sur un parc miniature à proximité d'un canal d'Amsterdam a été entièrement construit à l'aide d'une imprimante 3D et de bioplastique noir entièrement recyclable. La structure de 8 m² est le fruit d'un projet de recherche international initié par l'atelier d'architecture néerlandais DUS et visant à explorer les solutions d'habitat écodurable en milieu urbain. L'atelier DUS s'est servi de cette construction pour tester différents types de traitements de façades en même temps que divers matériaux et techniques d'isolation. La construction iconoclaste englobe une mini-véranda et un lieu de vie contenant un canapé-lit. Elle est posée sur une dalle de béton brut et l'on y accède par une allée minérale dessinée à travers le carré de pelouse.

Un nid étroit glissé entre deux immeubles

La maison Keret, audacieusement glissée entre deux immeubles de Varsovie par l'architecte polonais Jakub Szczęsny, affiche une superficie totale de seulement 14 m². Selon les règles d'urbanisme en vigueur en Pologne, elle ne peut être considérée comme un logement à part entière. La Fondation polonaise d'Art moderne en a fait l'acquisition pour y loger des artistes en résidence par périodes d'une à trois semaines. La structure en métal posée sur quatre pieds tubulaires à quelque 2 m du sol, et dont la plus grande largeur n'excède pas 133 cm, reçoit la lumière naturelle à travers des panneaux d'habillage translucides. En dépit de ses faibles dimensions, elle comprend, au premier niveau, une salle de bains, une cuisine et un coin salon, et au second niveau, accessible par une échelle, un coin couchage et un coin bureau.

Page opposée en haut : **la maison Keret offre assez d'espace pour permettre à un artiste de dormir, de manger et de travailler.** Page opposée en bas : **la façade translucide se déploie au-dessus d'un mur existant.** Cette page : **la structure de forme triangulaire repose sur quatre pieds tubulaires à quelque 2 m du sol.**

Habitat compact
au-dessus d'un garage

À Hyogo, au Japon, les architectes Hirok et Tomoko Sekiguchi ont érigé cette étrange
maison dans un quartier résidentiel traditionnel. L'un des principaux souhaits du client
était un garage pour son véhicule 4×4, mais cet équipement occupait la quasi-totalité
des 27 m² d'emprise au sol disponibles pour le projet. Les architectes ont donc décidé
d'aménager l'espace habitable au-dessus du garage et d'incliner les murs de façade
latéraux vers l'intérieur afin de diminuer l'impact visuel de la construction. Les quatre
façades ont été recouvertes de bardeaux bitumineux évoquant l'architecture de
montagne, tandis que deux larges fenêtres de toit compensent le déficit de lumière
associé aux façades presque aveugles. À l'étage, l'espace a été entièrement habillé de
bois clair pour un décor à la fois uniforme et chaleureux.

Niveaux multiples dans une étroite maison japonaise

Cette construction érigée par l'agence japonaise YUU Architects & Associates dans un quartier central de Tokyo affiche une largeur intérieure de 1,80 m, soit le minimum autorisé par les règles d'urbanisme locales. Plutôt que de recourir à des partitions verticales, les architectes ont joué avec les niveaux pour définir et délimiter les espaces. La structure comprend un rez-de-chaussée et trois étages principaux desservis par un escalier situé à l'arrière de l'édifice, ainsi que plusieurs planchers intermédiaires. Un aspect essentiel dans l'organisation de ce logement tout en longueur était d'optimiser l'apport de lumière naturelle. À cet effet, la façade sur rue a été vitrée sur toute sa hauteur et plusieurs fenêtres de toit ont été installées. À l'intérieur, les deux murs longitudinaux sont habillés d'une couleur sombre, plus reposante. Les architectes indiquent que « les lignes extérieures épurées, l'approche séquentielle des espaces intérieurs et l'emploi de matériaux tactiles ont donné naissance à un lieu de vie hors du temps et empreint de sérénité ».

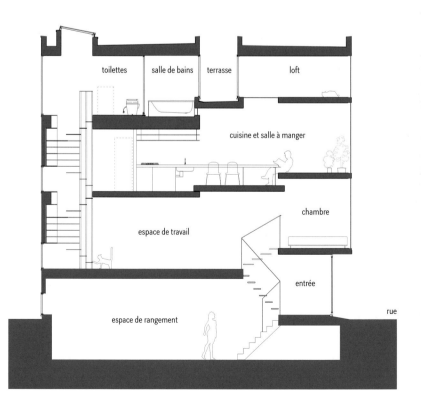

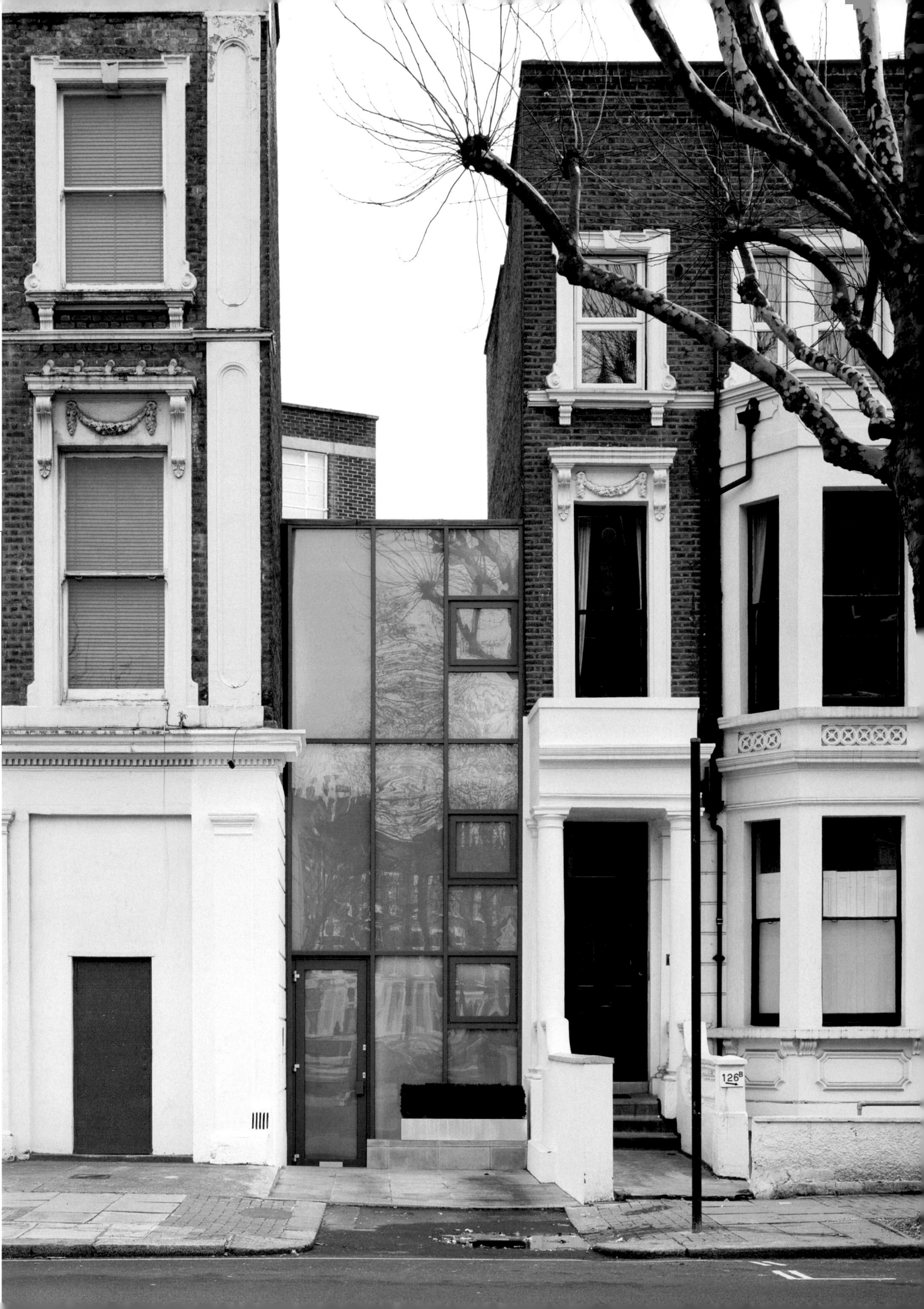
126B

Une maison-arbre

L'étroite façade sur rue de cette maison construite à Nada, au Japon, a été revêtue d'un élégant bardage à clins en thuya géant de Californie *(red cedar)*. Les concepteurs de l'agence nippone FujiwaraMuro Architects précisent que la maison semble posée dans son environnement « à la manière d'un grand arbre ».

Structure en parpaings sur une parcelle en bande

Cette maison de trois niveaux construite dans le centre historique de Sant Cugat del Vallès, en Catalogne espagnole, occupe une parcelle en pente large de seulement 5 m. Pour l'aménagement intérieur comme pour la façade principale, l'architecte catalan Josep Ferrando a marié habilement le bois clair et les parpaings apparents.

Haut et étroit

Ce logement londonien a été construit par l'agence britannique Boyarsky Murphy Architects entre deux maisons en bande de l'époque victorienne. La façade sur rue est large de seulement 3 m, mais la structure de quatre niveaux s'élargit en partie arrière, où les architectes ont aménagé une petite terrasse et un jardin.

Village vertical

Lieu _ Hô Chi Minh-Ville (Saïgon), Vietnam
Nombre d'occupants _____ 1
Superficie _____ 135 m²

Une approche originale de l'habitat intergénérationnel fait resurgir le romantisme associé à l'architecture et à la culture des ruelles du Saïgon d'antan.

Hô Chi Minh-Ville, ancienne-ment Saïgon, est la plus grande ville du Vietnam. La diversité de son architecture – les pagodes d'influence chinoise y côtoient les villas françaises de l'époque coloniale et les gratte-ciel rutilants – reflète une histoire riche et mouvementée. La croissance soutenue du pays a permis à la capi-tale d'aborder le XXIᵉ siècle sous les traits d'une métropole moderne, mais le processus n'a pas été sans dommage. Nombre d'édifices anciens riches d'histoire ont été démolis pour laisser place à des structures de style occidental.

Selon les architectes de l'atelier local A21, un tel processus a eu pour effet d'éloigner les Vietnamiens de leur culture ancestrale. Aujourd'hui, ils s'efforcent de combattre cette déconnexion à tra-vers leur travail. « La culture de Saïgon est en train de tomber dans l'oubli, expliquent-ils. Les membres de la nouvelle génération ont passé leur enfance au sein de maisons au décor occidental. Ils arpentent des rues sans âme et sont entièrement tournés vers la consommation. Cela est dû à une éducation défail-lante et à un manque d'égard pour le passé. » Établi en 2009, le modeste atelier d'architecture a rapide-ment acquis une réputation internationale pour son approche poétique des projets et pour son emploi de matériaux et méthodes de construction ancrés dans la tradition vietnamienne.

Pour ce projet d'une maison intergénérationnelle à Hô Chi Minh-Ville, l'atelier A21 s'est inspiré de l'histoire de l'éminent intellectuel et collectionneur vietnamien Vuong Hong Sen (1902–1996). Après avoir amassé tout au long de sa vie divers documents et reliques se rapportant à l'histoire et à la culture des régions sud du Vietnam, Vuong Hong Sen avait décidé de transformer sa maison en musée afin de rendre ses trésors accessibles au plus grand nombre. La maison provinciale, reconstruite pierre par pierre à l'identique dans le centre de Saïgon durant les années 1950, constituait un magnifique exemple de l'architecture du Vietnam méridional au XIXe siècle.

Vuong Hong Sen était un personnage respecté par ses pairs, mais il échoua à transmettre sa passion au sein de sa propre famille. Il avait interdit à son fils d'accéder aux pièces de l'habitation abritant ses collections et celui-ci lui en garda rancune. Vers la fin de sa vie, Vuong Hong Sen comprit que sa progéniture n'éprouvait aucun attachement ni pour la maison ni pour les trésors qu'elle abritait et qu'elle n'avait nullement l'intention d'en poursuivre l'entretien. Aujourd'hui, bien qu'il ait été répertorié par l'Unesco en 2003, l'édifice tombe en ruines et la plupart des pièces de collection ont été dérobées. Selon les architectes, « la maison n'est rien de plus qu'un petit restaurant de quartier ».

Page opposée : **la cliente souhaitait que la maison puisse accueillir toute sa famille, y compris ses frères et sœurs et leurs enfants, pour perpétuer les grandes réunions familiales qu'elle avait connues durant son enfance.**
Ci-dessus : **un réseau de passages et d'escaliers offre divers points de vue sur le patio central.**

dans la vieille ville, ouvre sur une ruelle étroite flanquée d'étroits bâtiments à deux ou trois étages, la plupart anciens, abritant une petite échoppe au rez-de-chaussée et des bureaux ou une partie habitable aux niveaux supérieurs.

Les futurs habitants de la maison étaient au nombre de neuf : quatre adultes, dont deux grands-parents et cinq enfants âgés de 3 à 12 ans. La cliente souhaitait également pouvoir accueillir ses frères et sœurs et leurs enfants durant les week-ends, pour perpétuer les grandes réunions familiales qu'elle avait connues lors de son enfance. Elle n'avait aucune envie d'une maison à l'européenne, un style très en vogue ces derniers temps dans la capitale vietnamienne, et souhaitait plutôt une construction lui rappelant le Saïgon d'antan. Elle tenait absolument à transmettre cette culture traditionnelle à ses descendants et voyait cette maison comme un cadeau leur étant destiné. Sur cette base, l'atelier décida d'axer le projet sur les enfants : « Lorsque nous avons présenté la première esquisse, nous l'avons d'abord montrée aux plus jeunes. Nous savions que si cela leur plaisait, les parents suivraient ! »

Pour créer cette maison typiquement saïgonaise, les architectes ont puisé dans leur amour pour les ruelles de la vieille ville, « si romantiques sous le soleil et sous la pluie ». Le projet a été approché comme une ruelle verticale, où chacun des espaces de vie est aménagé en petite maison, avec son propre toit tuilé à double pente, ses volets à l'ancienne, ses balcons fleuris et sa façade aux diverses couleurs et textures. Ces unités sont suspendues entre les deux murs porteurs longitudinaux et reliées entre elles par un réseau de passages et d'escaliers offrant divers points de vue sur les quatre niveaux de la structure. « Aujourd'hui les chambres d'enfants sont si spacieuses que leurs occupants n'en

Lorsqu'ils reçurent la demande pour ce nouveau projet, les architectes décidèrent de faire ce que Vuong Hong Sen n'avait pas réussi à réaliser : empreindre l'édifice des traditions du Saïgon d'autrefois afin qu'elles puissent être transmises aux futures générations.

La cliente avait peu de requêtes spécifiques et elle était disposée à suivre les idées des concepteurs. Ils expliquent : « Elle est venue nous voir et nous a dit : "Je possède un terrain de 3 m par 15 m et je ne sais pas quoi en faire. Je voudrais construire une maison pour toute ma famille". » La parcelle, située

« Lorsque nous avons produit la première esquisse, nous l'avons d'abord montrée aux enfants de la famille. »

sortent plus, remarquent les architectes. Ici, elles sont de dimensions modestes pour encourager les enfants à parcourir la maison et à nouer de fréquents contacts avec les autres habitants du lieu. »

Au centre de la maison, un patio accueille les membres de la famille pour les activités communes. Un solide filet tendu au-dessus de cet espace sert d'aire de jeux aux plus jeunes. « Les parents peuvent s'asseoir dans le patio et surveiller leurs enfants comme s'ils jouaient à l'extérieur », commentent les architectes. « C'est exactement l'esprit que nous souhaitions donner à cette réalisation. »

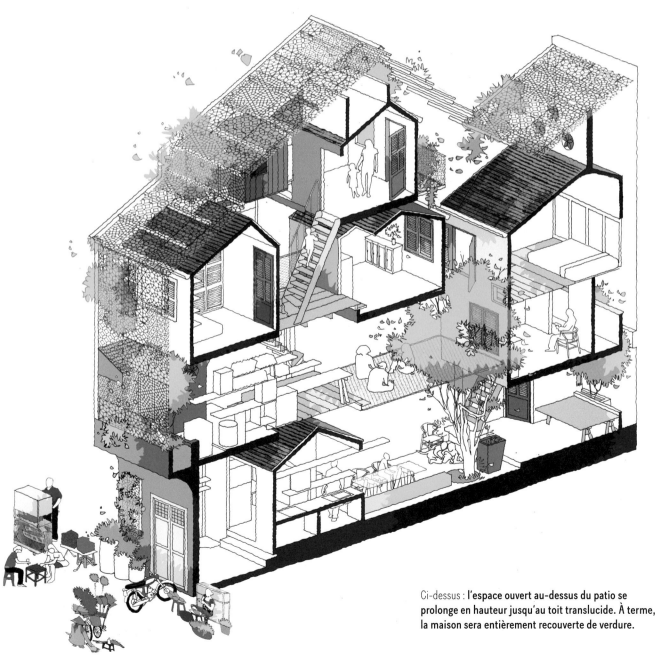

Ci-dessus : l'espace ouvert au-dessus du patio se prolonge en hauteur jusqu'au toit translucide. À terme, la maison sera entièrement recouverte de verdure.

« Les parents peuvent s'asseoir dans le patio et surveiller leurs enfants comme s'ils jouaient dehors. C'est l'esprit que nous souhaitions apporter à cette réalisation. »

Plus haut encore, les éléments translucides du toit laissent passer la lumière naturelle, de sorte que les occupants gardent en permanence un lien avec le passage du temps et des saisons. « Cet aspect est ignoré au sein de la société saïgonaise moderne, qui est aujourd'hui marquée par l'individualisme et l'absence d'amour », déplorent les architectes. Pour optimiser cette liaison entre l'intérieur et l'extérieur, des plantes et des arbustes locaux ont été installés dans le patio, sur les balcons et sur un treillage métallique qui recouvre entièrement la façade sur rue et le toit.

La maison a été érigée selon les méthodes de construction en vigueur au Vietnam, essentiellement à l'aide de béton, de briques et d'acier. Afin d'affirmer sa connexion avec le passé, la plupart des objets et matériaux utilisés pour les finitions – tuiles des toits intérieurs, lames de parquets, portes, fenêtres, volets – ont été récupérés sur des chantiers de démolition. Les meubles ont également été choisis avec grand soin par la cliente et les architectes. « Ce n'est pas leur prix modique, mais plutôt leur histoire qui nous intéressait, expliquent ceux-ci. Il est réconfortant de faire revivre ces vieilles choses en un lieu où elles trouvent toute leur utilité et de rétablir ainsi un lien entre l'ancien et le nouveau. Les enfants vont grandir avec ces objets riches d'histoire, et ils en chériront d'autant plus leur maison. »

À l'image d'un tout indissociable des parties qui le composent, la « Saïgon House » établit un dialogue sentimental entre le passé et le présent, et encourage ses occupants à nouer de riches relations avec leur culture et leur environnement. « Nous sommes convaincus que l'architecture ne peut exister qu'à travers le contexte, la culture et les traditions », concluent les architectes.

Index

RUST
rustarch.com
Israël
Atelier d'artiste (Tel-Aviv)
PP. 135–139
Artiste : Sylvie Yearit Sheftel,
www.sylyaphotograph.com
Photographies : Gidon Levin, 181 degrees

S

SABO Project
www.sabo-project.com
France
Doehler (New York)
PP. 112, 205
Photographies : Alexandre Delaunay
Hike (Paris)
P. 180
Photographie : Alexandre Delaunay

Schneider + Assaf
www.schneiderassaf.ch
Suisse
Kinderbett
P. 167

Sigurd Larsen
www.sigurdlarsen.eu
Allemagne
Room 304 - The House of Doors
Hôtel Michelberger, Berlin
PP. 104, 105
Photographies : Rita Lino / James Pfaff

Silvia Allori
www.silviaallori.it
Italie
Logement-bureau
PP. 77–81
Photographies : Simone Bossi
Architecture : Roberto Monsani & Silvia
Allori

Sinato
www.sinato.jp
Japon
Fujigaoka T
P. 6
Photographie : Toshiyuki Yano
Intervenants : SANKI (construction),
Rebita (PM), FDS (éclairage)
Fujigaoka M
PP. 52, 53
Photographies : Toshiyuki Yano
Intervenants : SANKI (construction),
Rebita (PM), FDS (éclairage)

Spamroom (Paola Bagna)
www.spamroom.net
Allemagne
Micro-appartement, Berlin
PP. 120, 214
Photographies : Ringo Paulusch
Intervenants : Spamroom & John Paul
Coss (architecture et design), Inhouse
Berlin (construction), Noé Metal+Design
(ferronnerie), PA Tischlerei (menuiserie),
Astrid Kaltenborn & Thomas Bandura
(menuiserie, parquet et porte coulissante)

stil&rum
www.stilorum.se
Suède
stil&rum
P. 168
Photographie : Anders Bergstedt

Studio Mieke Meijer
www.miekemeijer.nl
Pays-Bas
Objet élevé
P. 114

Studio Oink
www.studiooink.de
Allemagne
Appartement à Wiesbaden
PP. 83, 143
Photographies : Matthias Hiller / Studio
Oink

Studio Wok
www.studiowok.com
Italie
Batipin Flat
PP. 75, 89, 181
Photographies : Federico Villa fotografo
Intervenants : Edil 2000 snc (construction),
Arredo 90 srl (meubles bois), Fratelli
Rusconi snc (menuiseries extérieures)

Sundaymorning
www.sundaymorning.it
Italie
Casa in una pineta
P. 116
Photographie : Fabio Candido
Intervenants : Marco Sarri /
Sundaymorning, Monica Bracci

T

TAF
www.tafarkitektkontor.se
Suède
P. 115
Photographies : Bobo Olsson

Tas-ka
www.tas-ka.nl
Pays-Bas
Boutique Tas-ka
P. 70
Photographies : Ontwerpburo Tas-ka

Tenhachi Architect and Interior Design
www.ten-hachi.com
Japon
Tenhachi House
PP. 8, 85, 206
Photographies : Akihide Mishima
Intervenants: Seamless Co., Ltd.
(construction)

The Objectionists
États-Unis
The Miner and A Major
PP. 106–111
Photographies : Spencer Lowell
Intervenants : Serban Ionescu, Jim
Dreitlein, Justin Smith, Narek Gevorgian,
David Valdivia, Brian Nemeth

Till Koenneker
www.tillkoenneker.work
Suisse
Living Cube
PP. 96, 97
Photographies : Rob Lewis
Intervenants : Dana Loftus (cofondatrice),
Remo Zimmerli (construction prototype)

Tomaso Boano & Jonas Prišmontas
www.minimamoralia.co.uk
Royaume-Uni
Minima Moralia
PP. 10, 224, 225

Torafu Architects
www.torafu.com
Japon
Bureau et tabouret Koloro
PP. 133, 146, 164
Photographies : Akihiro Ito

Tribe Studio
www.tribestudio.com.au
Australie
House Bruce Alexander (Sydney)
PP. 128, 129
Photographies : Katherine Lu (128, 129),
Tribe Studio (128)
Intervenants : Hannah Tribe (design),
Miriam Green (architecte projet),
Ricci Bloch, Ben Wollen (collaborateurs)

U

URBAstudios
www.urbastudios.com
Portugal
DL House (Porto)
PP. 60, 61
Photographies : João Morgado
La Maison Verte
PP. 18, 19, 181
Photographies : João Morgado

V

Vlad Mishin
www.vladmishin.com
Transformer Apartment
PP. 38–39

WireDog Architecture
www.wiredogarchitecture.co.nz
Nouvelle-Zélande
Island Bay House
PP. 186, 187
Photographies : Paul McCredie
Intervenants : John Kaveney (construction)

Workstead
www.workstead.com
États-Unis
Prospect Park Apartment
PP. 118, 170
Photographies : Stefanie Brechbuehler

Y

YUUA Architects & Associates
www.yuua.jp
Japon
Maison à Tokyo
PP. 236–239
Photographies : Sobajima, Toshihiro

Z

Zooco Estudio
www.zooco.es
Modulor
PP. 56–59
Photographies : Orlando Gutiérrez
Perimetro
PP. 182, 183
Photographies : Orlando Gutiérrez

Petits Espaces Grand Standing

Design d'intérieur pour <u>habitats compacts</u>

Ce livre a été conçu et réalisé par Gestalten.
Édition : Robert Klanten et Caroline Kurze
Préface : Sigurd Larsen
Textes Projets : Laura Mark
Portraits : Alisa Kotmair

Direction artistique : Ludwig Wendt
Maquette et mise en page : Léon Giogoli et Ludwig Wendt
Polices de caractères : Baton : Anton Koovit et Yassin Baggar, Century
Old Style : Linn Boyd Benton et Morris Fuller Benton

Coordination éditoriale de l'édition originale : Adam Jackman
Coordination éditoriale de l'édition française : Lars Pietzschmann
Traduction de l'anglais : Thomas Guidicelli pour Intexte

Photographies de couverture
Première de couverture : Matthias Hiller, STUDIO OINK,
www.studiooink.de
Quatrième de couverture : Gidon Levin, 181 degrees (en haut),
Peter Bennetts Studio (au centre à droite), Lisbeth Grosmann
(en bas à droite), Federico Villa fotografo (en bas à gauche),
Jonas Berg (au centre à gauche)

Impression : Nino Druck GmbH, Neustadt / Weinstr., Allemagne
Fabriqué en Allemagne

Publié par Gestalten, Berlin 2018
ISBN : 978-3-89955-894-4

Pour l'édition originale : © Die Gestalten Verlag GmbH & Co. KG, Berlin 2017
Pour l'édition francaise : © Die Gestalten Verlag GmbH & Co. KG, Berlin 2018

Pour toute information et commande, retrouvez-nous sur
www.gestalten.com.

Le dépôt légal a été effectué à la Deutsche Nationalbibliothek.
La Deutsche Nationalbibliothek a enregistré cette publication dans
la bibliographie nationale allemande. Les détails sont consultables
à l'adresse www.dnb.de.
Dépôt légal : novembre 2018

Aucun contenu de ce livre n'a fait l'objet d'une transaction commerciale.
Toutes les œuvres présentées ont été sélectionnées par l'éditeur sur leur
seule valeur artistique.

Ce livre a été imprimé sur du papier certifié FSC®.